Volker Mehl · Anke Pachauer

DIE AYURVEDA KOCHWERKSTATT

Die Basics für Einsteiger
50 Rezepte ohne Schnickschnack

humboldt

INHALT

VORWORT

„Du kannst nur einmal in denselben Fluss steigen." Mit diesen Worten soll der griechische Philosoph Heraklit seine Lehre zusammengefasst haben: „Panta rhei – alles fließt!"

Alles ist in Bewegung, nichts bleibt stehen. Alles verändert sich. In jedem Moment! Veränderung ist eine Konstante in unser aller Leben: Der Tag wird zur Nacht, eine Jahreszeit weicht der nächsten, die Jahre gehen in Jahrzehnte über und mit ihnen verändern auch wir uns. Veränderung ist Teil des Lebens, jede Sekunde bildet dein Körper Millionen von Zellen, und hunderttausende Stoffwechselprozesse laufen gleichzeitig ab. Schon jetzt bist du nicht mehr die Person, die vor ein paar Sekunden mit dem Lesen dieses Buches angefangen hat.

Dinge, die ständig in Veränderung sind, versuchen wir oft mit schematischem Denken und monokausalen Lösungen in den Griff zu bekommen: *Die* gesunde Ernährungsweise, *die* heilsame Therapie, *der* richtige Weg zu einer guten Beziehung, *der* Weg zu einem glücklichen Leben ... Dass solch einseitige Ansätze selten der Schlüssel zum Glück sind, erfahren viele Menschen im Verlauf ihres Lebens.

Der Ayurveda ist sich dessen seit über 5000 Jahren bewusst. Dabei stehen hinter dem Wissen des Ayurveda keine abstrakten Ideen, sondern gelebte und erlebte Erfahrung von echten Menschen, die noch zutiefst mit den Rhythmen der Natur verbunden waren. Menschen, die Veränderungen nicht als lästige Übel, sondern als immanenten Teil des Lebens, vor dem man weder weglaufen muss noch ihn „wegspritzen" kann, empfunden haben. Sie haben akzeptiert, dass Veränderungen ganz natürlich, kontinuierlich und unweigerlich entstehen und dass wir Menschen Teil des Wandels sind.

Gleichzeitig sind wir aber auch mit der besonderen Fähigkeit gesegnet, den Wandel zu verstehen und aktiv zu entscheiden, wie wir mit diesen Prozessen umgehen wollen. Auch das hat der Ayurveda erkannt und unter Berücksichtigung der Individualität jedes Einzelnen eine wertvolle Starthilfe gegeben, indem er Hilfsmittel und deren Wirkweise auf den Organismus sehr umfassend beschreibt. Diese Hürde zu einer individuell passenden Lösung nimmt er uns heute also schon einmal ab und lädt uns dazu ein, die Methoden und Vorschläge auszuprobieren und am eigenen Leib und Geist ihren Effekt zu erleben.

Gerade im Bereich der Küche und in der Gestaltung des Umfeldes ist die Wirkung, z. B. von Lebensmitteln, Kräutern, Wirkstoffkombinationen, Farben oder Materialkombinationen, unmittelbar zu spüren. Das macht die Anwendung der Erkenntnisse des Ayurveda zu Recht zu einer Heilmethode! Mit dem Verständnis der Wirkung bekommt die Freiheit der aktiven Entscheidung einen besonderen Wert.

Weil die Prinzipien des Ayurveda die Grundlage all unserer Aktivitäten in der Kochwerkstatt sind, ist dieses Buch eine Zusammenfassung dessen, was die Gelehrten im Ayurveda vor Jahrtausenden in Indien beschrieben haben und wir täglich in unserer praktischen Arbeit mit verschiedenen Menschen und unterschiedlichen Set-ups erleben. In diesem Buch geht es um die grundsätzlichen Prinzipien der Natur, die für uns alle weltweit gelten, und es geht ums Tun, Spüren und Erfahren. Willkommen in unserer Werkstatt!

In unserer Kochwerkstatt zeigen wir dir, wie du die Phasen des natürlichen Wandels gut begleiten kannst, in Balance bleibst oder, wenn du aus der Balance geraten bist, wieder zu dieser zurückfindest. Wir vermitteln dir ein Verständnis für die Eigenschaften der Natur und die Prinzipien dahinter. Mit diesem Verständnis über die Zusammenhänge der Natur kann es dir leichterfallen, zu erkennen, was du wirklich brauchst – für die Aufrechterhaltung deines Wohlbefindens und deiner Gesundheit und die Harmonisierung bei Krankheit.

Wenn du bis jetzt noch nichts mit Ayurveda am Hut hattest oder den Begriff lediglich mit Massagen, indischen Ritualen oder dem Geschmack von Garam Masala verbindest, dann werden wir mit diesem Buch eine neue, leicht verständliche Sicht auf das Wissen vom Leben schaffen. Und wir werden dir die Philosophie des Ayurveda schmackhaft machen. Um es mit Volkers Worten zu sagen: Ayurveda ist wie ein Kaugummi am Schuh: Wenn du einmal reingetreten bist, bekommst du ihn nicht wieder los.

Deine

Dein

DEINE AYURVEDA-GESUNDHEITS-PRAXIS

Im Ayurveda, wie wir ihn verstehen, geht es nicht primär darum, ob Hirse, Couscous oder Amaranth gesünder sind, welches Dosha was darf und wie warmes Wasser hilft. Es geht vielmehr darum, ein ausgewogenes, ausbalanciertes Leben zu führen. In diesem Kapitel vermitteln wir dir ein Verständnis für die Eigenschaften der Natur und wie du auf dieser Grundlage die Phasen des natürlichen Wandels gut begleiten kannst, in Balance bleibst oder, wenn du aus der Balance geraten bist, wieder zu dieser zurückfindest.

Die Kraft des Ayurveda

Der Begriff Ayurveda ist eine Zusammensetzung aus āyus, „Leben“, und veda, „Wissen“ bzw. „Weisheit“, und bedeutet so viel wie „die Wissenschaft vom langen und gesunden Leben“. Dabei ist das „Leben“ im Ayurveda sehr umfassend und ganzheitlich definiert.

In der Charaka Samhita, einer der ältesten Schriften des Ayurveda, heißt es: „Leben ist die Kombination aus Körper, Sinnen, Geist und Selbst“ (1.42). Damit ist die ayurvedische Betrachtung des Menschen als Einheit von Körper, Seele und Geist bereits im Begriff verankert.

Der Ayurveda ist grundsätzlich als ganzheitlich praktizierende Wissenschaft zu verstehen. Mit dem Blick nach innen berücksichtigt der Ayurveda zum einen die Wechselwirkung der verschiedenen Organsysteme im Körper, unter Berücksichtigung der geistigen Prozesse. Zum anderen blickt er nach außen und auf die Tatsache, dass wir ständig mit unserer Umwelt in Wechselwirkung und Beziehung stehen.

Das Ziel des Ayurveda ist die ganzheitliche Gesundheit, worunter mehr verstanden wird als nur die „Abwesenheit von Krankheit“.

Das Ziel des Ayurveda ist die ganzheitliche Gesundheit, und auch hier meint der Begriff viel mehr als nur die „Abwesenheit von Krankheit“. Als gesund wird ein Mensch vor allem dann angesehen, wenn

- die individuelle Natur gemäß den Eigenschaften und Bioenergien (Doshas) im Gleichgewicht ist,
- die Gewebe (Dhatus) gesund sind und nachgebildet werden,
- die Stoffwechselvorgänge (Agni) reibungslos funktionieren,
- alle ausscheidungspflichtigen Stoffe (Ama) abgegeben werden,
- der Geist klar und der seelische Zustand positiv ist.

Der Fokus dient grundsätzlich erst einmal der Gesunderhaltung. Die Behandlung von Krankheiten erfolgt erst dann, wenn die Systeme aus dem Gleichgewicht geraten sind und wieder in Balance gebracht werden müssen. Die Methoden, die der Ayurveda dafür vorschlägt, kommen direkt aus der Natur, denn im Ayurveda sind Mensch und Natur zwei Seiten derselben Medaille: Wir sind aus der Natur geboren und beziehen unsere gesamte Energie und Nahrung aus der Natur. Alles in der Natur besteht aus denselben grundlegenden Elementen und Eigenschaften. Und auf dieser tiefgreifenden Grundlage bauen alle Heilmethoden des Ayurveda auf.

Die ayurvedische Ernährung

Das Essen von heute baut deinen Körper von morgen. Das passiert im Verlauf eines Stoffwechselprozesses, wenn die sieben Hauptgewebe, im Ayurveda Dhatus genannt, eines aus dem anderen wie die Sahne aus der Milch entstehen.

Der Aufbau der Gewebe folgt einem festgelegten Schema: Aus Plasma wird Blut, aus Blut wird Muskelgewebe, aus Muskeln entsteht Fett, daraus Knochen, gefolgt von Knochenmark und schließlich dem Fortpflanzungsgewebe. In dieser Reihenfolge schleust der menschliche Körper nach der Nahrungsaufnahme die Nährstoffe aus den aufgenommenen Speisen und Getränken durch die Gewebe und sorgt für deren Aufbau. Ist eines dieser Gewebe gestört bzw. verstopft, kann das nachfolgende Gewebe nicht mehr richtig versorgt werden, was aus der Sicht des Ayurveda auch der Grund für körperliche und psychische Probleme sein kann. Auch die Qualität des menschlichen Stoffwechsels, insbesondere die des Immunsystems, ist eng mit der Qualität der Gewebe verbunden.

Im Ayurveda ist die Qualität des menschlichen Stoffwechsels eng mit der Qualität der Gewebe verbunden.

Am Ende dieser Kette steht eine besondere Essenz: Ojas. Ojas ist keine fassbare Substanz, sondern das „Mark“ unserer Lebensenergie. Es durchströmt den ganzen Körper und sorgt für Stabilität, Immunkraft und eine positive Ausstrahlung. Ojas durchdringt alle Gewebearten und fließt wie durch einen Filter entsprechend stärker, wenn dieser durchlässig und gereinigt ist.

Ein Fundament der Ayurveda-Ernährungsmedizin ist, dass hochwertige Nährstoffe durch gereinigte, durchlässige Gewebe transportiert werden können und dafür sorgen, dass diese gesund erhalten werden und die Lebensenergie frei fließen kann.

Ojas wird aus der Essenz aller Körpergewebe gebildet, so wie Honig die Essenz der Blumen ist, welche die Bienen sammeln.
Charaka Samhita 30.7

Was Ayurveda so wertvoll macht

Für fast alles in unserem Leben gibt es eine Bedienungsanleitung, und Google beantwortet im Bruchteil von Sekunden fast jede alltägliche Frage. Wie sieht es aber mit einer Bedienungsanleitung für unseren Körper und unser Leben aus?

Wenn wir uns mit uns, unserem Körper, unseren Lebens- und Essgewohnheiten beschäftigen, kann man schnell zum Punkt von Verunsicherung oder sogar Ratlosigkeit gelangen. Wie ernähre ich mich gesund? Wie funktioniert mein Körper eigentlich? Und vor allem, was tut ihm gut und lässt ihn weiter mit voller Kraft arbeiten?

Ayurveda hilft dabei, persönlich Wichtiges von Unnützem zu unterscheiden.

Hierfür halten wir keine Bedienungsanleitung mit einem genauen Ablaufplan in der Hand. Hier ist nichts mehr genormt und wir sind plötzlich auf uns allein angewiesen. In den letzten Jahren ist der Dschungel von Ratgebern für Gesundheit, gutes Leben und Essen, Liebe und Selbstverwirklichung so groß und dicht geworden, dass es uns fast unmöglich ist, noch den Überblick zu behalten und persönlich Wichtiges von Unnützem zu unterscheiden. Und genau hier hilft Ayurveda. Denn zusammen mit der traditionellen chinesischen Medizin gehört der Ayurveda zu den ältesten schriftlich erfassten Heilkünsten unserer Weltgeschichte.

Wir sind eine aufgeklärte Wissensgesellschaft, unser Wissen füllt unzählige Bibliotheken, und ganze Serverfarmen sind nötig, um es digital zu verarbeiten. Diese Entwicklung ist aber relativ neu, denn über Tausende von Jahren waren wir eine Glaubens-

und Naturgesellschaft. Höhere Mächte waren ein ganz normaler Bestandteil unseres Alltags. Es gab damals nicht die Möglichkeit, schnell mal irgendwas nachzuschlagen. Es gab Erfahrungswissen aus der Gemeinschaft, es gab die Dorfweisen. Ansonsten musste man selbst anfangen zu überlegen.

So wurden manche Dinge einfach intuitiv ausprobiert. Im Mittelalter gehörten Zaubersprüche zum Alltag, um sich vor bösen Mächten zu schützen. Vieles davon gibt es übrigens auch heute noch. In vielen Kulturen weltweit ist der Glaube an höhere Mächte fester Teil des Alltags, seien es die unzähligen Shintoschreine in Japan oder der Ahnenglaube in Indonesien. Auch bei uns gibt es Millionen von „aber"-gläubigen Menschen, die Amulette und Talismane tragen, so tragen unter anderem Spitzensportler oft nur ganz bestimmte Kleidung bei Wettkämpfen oder betreten immer zuerst mit einem bestimmten Bein den Platz.

Ob das nur Spinnerei ist oder Glauben im weitesten Sinne, bleibt jedem selbst überlassen. Wenn man aber wirklich ganzheitlich auf das Leben blicken möchte, ist aus Sicht des Ayurveda wichtig, auch diese Bereiche miteinzubeziehen. So gibt es beispielsweise am Uniklinikum in Wien den Bereich der interkulturellen Seelsorge, die ganz selbstverständlich in die therapeutische Arbeit integriert wird. Nicht dass wir uns falsch verstehen: Wir sind große Fans von den Möglichkeiten der Akut- und Notfallmedizin, und zum Glück gibt es Antibiotika und Penicillin, um Leben zu retten. Wenn wir die Essenz des Ayurveda in einem Wort beschreiben müssten, wäre es für uns: AUSGEWOGENHEIT. Denn in den alten Texten der großen Ayurveda-Ärzte geht es immer wieder darum, die rechte Balance in allem Tun anzustreben. So heißt es in der Charaka Samhita:

Wenn man wirklich ganzheitlich auf das Leben blicken möchte, ist aus Sicht des Ayurveda wichtig, den spirituellen Bereich miteinzubeziehen.

> *Körper und Psyche sind die Bereiche der Krankheiten, aber auch der Freuden. Die ausgewogene Lebensführung (sama yoga) ist die Ursache der Freuden.* — *Charaka Samhita 1.1.55*

Damit kommen vor allem diese Aspekte zum Ausdruck:

1 Sowohl der Körper als auch die Psyche können erkranken.
2 Wenn beide gesund sind, dann sind sie die Quelle für ein freudvolles Leben.
3 Die Grundvoraussetzung für ein freudvolles, gesundes Leben und der beste Weg, Krankheiten zu vermeiden, ist ein ausgewogenes Leben. Sama heißt wörtlich „gleich, identisch, glatt, gerade, aufrichtig, passend, ganz, vollständig".

Wie wir eingangs schon schrieben: Es geht im Ayurveda also nicht primär darum, ob Hirse, Couscous oder Amaranth gesünder sind, welches Dosha (S. 21) was darf und wie warmes Wasser hilft. Es geht vielmehr darum, ein ausgewogenes, ausbalanciertes Leben zu führen und welche Haltung wir zum Leben haben.

Unsere Gesundheit besteht aus der Balance von Körper und Geist sowie einer harmonischen Beziehung mit unserem Umfeld.

Ayurveda verbietet nichts, es geht nur um das rechte Maß. Wenn ich viel gearbeitet habe, ist es wichtig, für das nötige Maß an Ruhe zu sorgen. Wenn ich mal über die Stränge geschlagen habe, sollte ich mir die Zeit zum Regenerieren geben. Mein Essen sollte angemessen sein in Bezug auf die Menge, die Uhrzeit und die Kombination. Schlafen wir auf Dauer zu wenig, bringt uns das aus dem Gleichgewicht und wir werden krank. Auch fettiges oder zu viel Essen sowie ein Übermaß an Alkohol sind unserer Gesundheit nicht förderlich, ebenso wenig wie Stress. Daher wird der Förderung der mentalen und körperlichen Gesundheit im Ayurveda so viel Aufmerksamkeit geschenkt. Unsere Gesundheit besteht also aus der Balance von Körper und Geist sowie einer harmonischen Beziehung mit unserem Umfeld.

Das ganze Leben ist gekennzeichnet durch einen stetigen Wechsel von verschiedenen Kräften und Phasen. Wenn diese in einem ausgewogenen Verhältnis stehen, ist das die Grundlage für eine freudvolle Existenz, wie es die Charaka Samhita beschreibt.

Somit unterscheidet Ayurveda also zwischen den für den Menschen lebensförderlichen sowie gesunden Einflüssen und denen, die der Gesundheit schaden. Dies betrifft nicht nur den Pfad der Ernährung, sondern unser gesamtes Verhalten sowie unsere individuelle Lebensweise.

Körper, Geist, Psyche im Einklang

Ayurveda gilt allgemein als ältestes ganzheitliches Medizinsystem der Welt, auch wenn wir heute nicht mehr wissen, wann genau es entstand. Was sich sagen lässt, ist, dass man bei archäologischen Ausgrabungen im heutigen Nordindien Steinfriese aus der Zeit um ca. 7000 v. Chr. gefunden hat, auf denen Menschen in Yogastellungen zu sehen sind. Da Yoga ebenfalls ein Teil der altindischen vedischen Kultur ist, kann man daher davon ausgehen, dass auch das Wissen des Ayurveda zu dieser Zeit schon verbreitet war.

Im Lauf der Geschichte hat sich das Wissen des Ayurveda nach und nach immer weiter in der Welt verbreitet. Ayurveda-Ärzte praktizierten an den verschiedensten Herrscherhäusern und Königshöfen. Im Osten gelangte Ayurveda bis nach Indonesien, im Westen bis ins antike Griechenland. Ayurveda wurde zur Grundlage für traditionelle Heilsysteme in Tibet, Sri Lanka und anderen buddhistischen Ländern. Es beeinflusste die chinesische Medizin und bildete die Basis für unsere westliche Medizin. In Indien ist der Ayurveda noch heute die normale medizinische Versorgung für mehr als 1,4 Milliarden Menschen.

Das Wissen des Ayurveda verbreitete sich immer weiter und bildete die Basis für unsere westliche Medizin.

Das besondere am Ayurveda ist seine ganzheitliche und allumfassende Betrachtung der Welt in all ihren Facetten – auf eine sehr logische, einfach Art und Weise. *Volker und Anke*

Natürlich haben sich Menschen zu allen Zeiten mit elementaren Fragen des Seins, zu Gesundheit und Krankheit beschäftigt. Was Ayurveda allerdings so besonders macht, ist seine ganzheitliche und allumfassende Betrachtung der Welt in all ihren Facetten – auf eine sehr logische, einfache und verständliche Art und Weise. Der

Ayurveda mag zwar viele tausend Jahre alt sein, seine Weisheit und Systematik sind jedoch zeitlos und problemlos in die Moderne übertragbar.

Der Großteil des uns heute bekannten ayurvedischen Wissens stammt von dem ayurvedischen Arzt Charaka (ca. 1.–2. Jh. n. Chr.). Diese Schriften werden „Samhita" (Hymnen) genannt. Die Charaka Samhita ist zusammen mit der Sushruta Samhita das älteste noch erhaltene medizinische Werk Indiens. Aus dieser Sammlung stammt auch folgendes Zitat:

Gutes und schlechtes Leben, glückliches und unglückliches Leben, das, was dem Leben zu- bzw. abträglich ist, das Maß des Lebens und seiner Komponenten und das Leben selbst – wo all das erklärt wird, das nennt man Ayurveda.

Charaka Samhita 1.41

Das System des Ayurveda

Im Wesentlichen lehrt uns Ayurveda, dass wir ein Teil der Natur sind und dass unser Verständnis von uns selbst mit dem Verständnis der 5 Elemente und der 20 Eigenschaften beginnt, die ihre Manifestation in den drei Prinzipien, Doshas genannt, finden. Sehen wir uns zunächst die 5 Elemente, die 20 Eigenschaften und die 3 Doshas an.

5 ELEMENTE

ERDE – PRITHVI
Geruch, Festigkeit, Dichte der Teilchen, Stabilität

WASSER – APAS
Geschmack, Nahrung, Reparatur, Durchfluss

FEUER – TEJAS
Sehkraft, Ausstrahlung, Sprache, Stoffwechsel

LUFT – VAYU
Berührung, Vibration, Bewegung, Verbindung

ÄTHER – AKASHA
Klang, Feld, Raum

20 EIGENSCHAFTEN

←	→
schwer	leicht
kalt	heiß
ölig	trocken
glatt	rau
stumpf	scharf
beweglich	statisch
dicht	flüssig
subtil	massig
hart	weich
klar	trüb

3 PRINZIPIEN (DOSHAS)

BEWEGUNG – VATA
LUFT & ÄTHER
Kalt, trocken, leicht, beweglich, klar

TRANSFORMATION – PITTA
FEUER & WASSER
Heiß, leicht, trocken, flüssig

STABILITÄT – KAPHA
ERDE & WASSER
Kalt, feucht, schwer, weich, massig

Unser Verständnis von uns selbst beginnt mit den 5 Elementen, den 20 Eigenschaften und den 3 Doshas

Die 5 Elemente

Alles in der Natur besteht aus fünf Elementen – und damit aus demselben Material und derselben Energie.

Alles in der Natur, einschließlich unseres Körpers und Geistes, besteht aus diesen fünf Elementen – Erde, Wasser, Feuer, Luft und Äther – und damit aus demselben Material und derselben Energie. Wir erleben das Zusammenspiel der Elemente in der Natur, z. B. im Wind, der durch die Blätter weht, dem Baum, der in der Erde verwurzelt ist, der feurigen Wärme der Sonne, dem kühlen Wasser, das mal sanft, mal reißend fließt, sowie der Weite des Himmels und des Weltalls.

Diese Prinzipien finden wir auch in unserem eigenen Körper: Skelett und Muskulatur sorgen für Stabilität und Erdung, Flüssigkeiten werden durch die Körperbahnen gepumpt, das Feuer im Stoffwechsel transformiert die Nahrung, die wir essen, in Gewebe und Energie, und unser Nervensystem regt die Bewegung an und verbindet Körper und Geist.

So wie die Natur in einem sich stets wandelnden Prozess ist, sind auch die Elemente aktiv und werden durch viele äußere Faktoren beeinflusst. Deshalb besteht das Ziel des Ayurveda nicht darin, einen statischen Gleichgewichtszustand zu erreichen, sondern sich der sich ständig verändernden Einflüsse der Natur bewusst zu sein und zu wissen, wie man in einem dynamischen Zustand die innere Balance aufrechterhält.

Die beste Möglichkeit, um diese innere Balance zu erreichen und zu halten, ist im Sinne des Ayurveda eine angemessene, ausgewogene Ernährung. Doch bevor wir uns der Ernährung widmen, blicken wir erst einmal noch auf eine wichtige Orientierungshilfe in der Auswahl der verschiedenen Nährstoffe, sprich Lebensmittel: die grundlegenden Eigenschaften.

Jede Pflanze, jedes Lebewesen und jedes Ding auf dieser Welt kann durch 20 Eigenschaften beschrieben werden.

Die 20 Eigenschaften

Jede Pflanze, jedes Lebewesen und jedes Ding auf dieser Welt kann durch 20 Eigenschaften (auch oft als Qualitäten bezeichnet), die sich in zehn Gegensatzpaare aufteilen, beschrieben werden. Wenn du dich einmal in der Natur umschaust, wirst du diese Eigenschaften überall finden: im Wetter, den Jahreszeiten, der Geografie, den Bäumen und Pflanzen. Schau dir die Blätter und Strukturen der Blumen an, blicke auf die Tierwelt.

Alle Dinge und Wesen sind einzigartig, weil in jedem von ihnen diese 20 Eigenschaften in individueller Kombination zusammenkommen. Das gilt auch für Nahrungsmittel, Getränke, Gegenstände und für dich selbst.

Wir alle kennen diese Eigenschaften und nutzen sie ständig, um Dinge zu beschreiben und uns selbst zu regulieren, um im Gleichgewicht zu bleiben: Ist es kalt, suchen wir eine Wärmequelle. In der Hitze des Sommers dagegen suchen wir Abkühlung durch Getränke, Schattenplätze oder Luftzufuhr. Ist die Haut trocken, cremen oder ölen wir sie ein. Ist ein Holztisch rau, schleifen wir seine Oberfläche glatt usw. Wir tun das, weil wir wissen, dass das jeweilige Gegenteil die Balance wiederherstellt: Gleiches wird durch Gleiches verstärkt und Gegensätze gleichen sich aus.

Diese Prinzipien funktionieren für das ganze Leben. Wenn wir uns dies bewusst machen und die jeweiligen Eigenschaften klar erkennen, dann ist ein Verständnis für die Natur der Dinge in der ganzen Welt und der Weg zu einem gesunden Leben, in Balance mit der eigenen individuellen Konstitution, nicht mehr so schwer.

Unsere Herangehensweise, den ayurvedischen Grundgedanken in unseren Alltag zu übertragen, ist deshalb getragen von der Idee, die grundlegenden Eigenschaften aller Dinge in der Natur als Ausgangsbasis zu nehmen.

20 Eigenschaften – 10 Paare von Gegensätzen

- schwer & leicht
- kalt & heiß
- trocken & ölig
- rau & glatt
- stumpf & scharf
- beweglich & statisch, stabil
- flüssig & dicht
- massig & subtil
- weich & hart
- trüb & klar

QUALITÄT/ EIGENSCHAFT	IN DER NATUR	IM KÖRPER	ELEMENTE
schwer *(guru)*	Samen, Knollengewächse, Felsen	Übergewicht, Trägheit	Erde und Wasser
leicht *(laghu)*	Kräuter	Untergewicht, feine Haare	Luft, Raum und Feuer
kalt *(sita)*	Winter	kalte Hände oder Füße	Wasser
heiß *(usna)*	Sommer	Fieber, Schwitzen	Feuer
trocken *(ruksa)*	Wüste	trockene Haut, Verstopfung	Erde und Luft
ölig *(snigdha)*	Öle und Nüsse	ölige Haut	Wasser
rau *(khara)*	Baumrinde	krauses Haar, raue Stimme	Luft
glatt *(slaksna)*	Blätter	glatte Nägel, Singstimme	Wasser
stumpf *(manda)*	Nebel	Trägheit, Langsamkeit	Erde und Wasser
scharf *(tikshna)*	Feuer	Intellekt, Konzentration	Feuer
stabil *(sthira)*	Erde, Felsen	Fokussierung	Erde
beweglich *(cala)*	Wind	Gedankenkarussell	Luft
flüssig *(drava)*	Wasser	Blut	Feuer und Wasser
dicht *(sandra)*	Erde	Muskeln	Erde
massig *(sthula)*	Holz	Gewebe	Erde
subtil *(suksma)*	Luft	Emotionen, Bewusstsein	Luft und Äther
weich *(mrdu)*	Moos	Zärtlichkeit, Fett	Wasser
hart *(kathina)*	Felsen	Knochen	Erde
trüb *(piccila)*	Baumharz	Unklarheit, Schleim	Wasser
klar *(visada)*	Regen, Luft	Tränen	Luft und Äther

Die Kenntnis der Eigenschaften und das Verständnis für den Ausgleich durch die paarweise Betrachtung ist eine der wichtigsten theoretischen Grundlagen für den Start mit Ayurveda. Deshalb empfehlen wir dir, dich primär auf die Eigenschaften der Dinge zu konzentrieren, anstatt beispielsweise Lebensmittellisten und -tabellen auswendig zu lernen. Auf Dauer profitierst du so mehr davon, ein Gefühl dafür zu entwickeln, wie sich die Qualitäten in der äußeren Welt zeigen und wie deine innere Erfahrung dazu ist.

Die Kenntnis der Eigenschaften und das Verständnis für den Ausgleich durch die paarweise Betrachtung ist eine der wichtigsten Grundlagen für den Start mit Ayurveda.

Wie sich die Qualitäten der Natur in unserer Nahrung wiederfinden

Du wirst die unterschiedlichen Eigenschaften auch in den einzelnen Zutaten in unseren Rezepten erkennen. Betrachte die einzelnen Lebensmittel einmal durch die Eigenschaften-Brille:

- Welche Lebensmittel sehen schwer oder leicht aus oder liegen schwer oder leicht im Magen?
- Welche Lebensmittel haben eine raue oder glatte Oberfläche?
- Wie es ist mit Flüssigkeiten und dichten Lebensmitteln?
- Welche Gewürze sorgen dafür, dass dir warm wird, welche wirken kühlend? Usw.

Überlege dir auch, welche gesundheitlichen Auswirkungen einzelne Nahrungsmittel, Kräuter und Gewürze auf deinen Körper haben könnten. Stärken sie das System durch Schwere, Dichte, Feuchtigkeit oder Stabilität oder wirken sie entlastend durch Entgiftung, Trockenheit oder Anregung der Beweglichkeit (z. B. der Darmtätigkeit)?

Die 3 Doshas

Dem Ayurveda zufolge werden wir alle von drei ursprünglichen Kräften beeinflusst, die oft als Bioenergien, Konstitutionstypen oder als Doshas bezeichnet werden. Dosha heißt wörtlich übersetzt „Fehler“ oder „das, was verderben kann“. Die drei Doshas heißen Vata, Pitta und Kapha.

Die Doshas stehen für grundlegende Qualitäten und Eigenschaften des Lebens, nicht für etwas, das man loswerden muss, weil es „krank“ ist.

Das Wichtigste vorab: Alle drei Doshas sind gleichwertig und gleich lebenswichtig. Keines der Doshas ist „besser“ oder „weniger wert“. Sie stehen für grundlegende Qualitäten und Eigenschaften des Lebens, nicht für etwas, das man loswerden muss, weil es „krank“ ist. Die wörtliche Übersetzung „das, was verderben kann“ bedeutet vor allem die Möglichkeit einer Schädigung, nicht eine Krankheit per se!

Jedes der drei Doshas hat einzigartige Qualitäten, die durch seine besondere Kombination von Elementen und Eigenschaften bestimmt werden. Letztendlich steuert jedes Dosha natürlich bestimmte physiologische Funktionen:

- Kapha sorgt für Zusammenhalt, Struktur und Schmierung.
- Pitta reguliert Verdauung und Transformation.
- Vata regelt die Bewegung und Kommunikation.

Alle drei Doshas sind in unterschiedlicher Ausprägung in jedem Menschen enthalten.

Die Doshas und ihre Ausprägungen

Jedem Dosha werden, im Einklang mit den Elementen, spezielle Eigenschaften zugeschrieben, die den Ausgleich der aus der Balance geratenen Energien sehr intuitiv machen. Wenn also eines der Doshas aus der Balance geraten ist, kannst du im Allgemeinen die Rückkehr zum Gleichgewicht fördern, indem du die Einflüsse der Qualitäten dieses Doshas verringerst und gleichzeitig Dinge, Nahrungsmittel, Kräuter, Routinen usw. bevorzugst, die die entgegengesetzten Energien verstärken.

Im Folgenden erfährst du, wie sich ein Dosha in seiner natürlichen Balance äußert und welche Anzeichen es für eine Disbalance gibt.

Kapha – das Stabilitätsprinzip

Kapha verleiht allen Dingen Struktur, Festigkeit und Zusammenhalt und wird daher hauptsächlich mit den Elementen Erde und Wasser in Verbindung gebracht. Die gängige Übersetzung von Kapha ist „das, was die Dinge zusammenhält".

Kapha verleiht allen Dingen Struktur, Festigkeit und Zusammenhalt und wird daher mit den Elementen Erde und Wasser in Verbindung gebracht.

Laut Ayurveda ist Kapha für die Stabilität, Schmierung, Struktur, Substanz und Unterstützung unseres physischen Körpers verantwortlich. Ein gutes Kapha liefert den Klebstoff, der die Zellen des Körpers zusammenhält und Muskeln, das Fett, die Knochen und die Sehnen bildet. Mit seinem Wasseranteil hydratisiert dieses Dosha alle Zellen und Systeme, schmiert die Gelenke, befeuchtet die Haut, erhält die Immunität und schützt das Gewebe.

Auf der geistigen Ebene fördert Kapha Emotionen wie Liebe, Mitgefühl, Vergebung, Geduld, Loyalität, Einfühlungsvermögen und Gelassenheit.

Wenn Kapha in uns im Gleichgewicht ist, spüren wir ein Gefühl der Unterstützung bei allen Körperfunktionen. Die dichten, stabilen und konservierenden Eigenschaften von Kapha sorgen für Stabilität und Festigkeit unserer Gelenke, die gut geschmiert sind und die Knochen stützen, sowie für die innere Unterstützung der Schleimhaut des Verdauungstrakts und der Myelinscheide für eine gute Gehirnfunktion.

Die Eigenschaft von Kapha

schwer – kühl – ölig – glatt – dicht –
weich – stabil – trübe

Kapha in seiner natürlichen Balance

GEIST	KÖRPER
• Gelassenheit • geistige Entschlossenheit • rationales Denken • setzt persönliche Ressourcen klug ein • geduldig • vergebend • loyal • pflegend, mitfühlend • akzeptiert andere, kann gut zuhören • gutes Gedächtnis	• körperliche Kraft und Ausdauer • starkes Immunsystem • dickes, kräftiges Haar • glatte, geschmeidige, kühle Haut • starke, gut geformte Nägel • regelmäßiger Stuhlgang • anmutig • langsamer Pulsschlag • kräftiger Körperbau • ausgedehnter Schlaf

Beispiele für ein Übermaß oder Ungleichgewicht von Kapha

GEIST	KÖRPER
• Lethargie • ein Gefühl der Schwere • Trägheit, Stagnation • Neigung, zu viel zu schlafen • Langeweile, körperliche und geistige Trägheit • Gier • Starrsinn • Leichtgläubigkeit	• Übelkeit • Schüttelfrost • Erschlaffung der Gliedmaßen • Husten • Verstopfung, Schleimabsonderungen • Atembeschwerden • Kreislaufprobleme • Fettleibigkeit • Erkrankungen der Atemwege (Asthma, Grippe, Erkältungen) • Diabetes

Pitta – das Transformationsprinzip

Die elementare Zusammensetzung von Pitta besteht aus Feuer und etwas Wasser. Die gängige Übersetzung von Pitta ist „das, was die Dinge transformiert".

Pitta steuert alle lebenswichtigen Prozesse der Transformation oder Umwandlung im Körper. Es regelt den Stoffwechsel und die Umwandlung der Nahrung im Körper, indem es das Verdauungsfeuer kontrolliert. Im Ayurveda heißt es, dass die meisten Störungen auf ein schwaches Agni oder Verdauungsfeuer zurückzuführen sind. Daher ist es von entscheidender Bedeutung, für eine gute Verdauung zu sorgen.

Pitta steuert alle lebenswichtigen Prozesse der Transformation oder Umwandlung im Körper.

Pitta regelt zudem die Körpertemperatur, den Hunger, den Durst, die Geschmackswahrnehmung, die Sehkraft und die Hautfarbe. Auf der geistigen Ebene steht es in engem Zusammenhang mit Intelligenz, Verständnis, Mut, Tapferkeit und der „Verdauung" von Gedanken, Emotionen und Erfahrungen.

Ist das Pitta-Dosha ausgeglichen, äußert es sich in einem scharfen Intellekt, einer robusten Gesundheit, einer starken Verdauung und Charisma. Unser persönliches Feuer brennt hell und wir haben das Gefühl, dass wir alles bewältigen können, was die Welt uns vorsetzt.

Die Eigenschaften von Pitta

heiß – leicht – leicht ölig – flüssig – scharf

Pitta in seiner natürlichen Balance

GEIST	KÖRPER
• zielgerichtete Neigungen • gute Problemlösungsfähigkeiten • ausgeprägte Intelligenz • entscheidungsfreudig und konzentriert • kühn und mutig • selbstbewusst • starkes Gedächtnis • organisiert • freudig • starke Führungsqualitäten • leichte Auffassungsgabe für neue Ideen und Konzepte	• starke Verdauungsfähigkeiten • Vitalität • ein strahlender Teint • leicht ölige, warme Haut • gut geformte Nägel • mittlerer Körperbau und Gewicht • kräftiger Pulsschlag • kurzer Schlaf • weiche Sehnen und Gelenke • feste Muskulatur

Beispiele für ein Übermaß oder Ungleichgewicht von Pitta

GEIST	KÖRPER
• Tendenz zu Feindseligkeit, Wut und Kontrolle • Ungeduld • Leidenschaft oder Emotionen vernebeln das Intellektuelle • fehlendes Unterscheidungsvermögen • fehlendes Urteilsvermögen • Eifersucht • Arroganz • übermäßiger Wettbewerb • braucht Aufmerksamkeit, laut und extrovertiert	• übermäßige Körperwärme • Verdauungsprobleme • Entzündungen und Infektionen • Durchfall • Geschwüre und Störungen des Magen-Darm-Trakts • Hauterkrankungen (Hautausschläge usw.) • Hepatitis und Leberstörungen • erhöhter Hunger und/oder Durst • frühzeitiges Ergrauen und/oder Verlust der Haare

GEIST	KÖRPER
• Ungeduld • Frustration • Narzissmus • übermäßige Ziel- und Ergebnisorientierung • verbittert • verurteilend • perfektionistisch	• hormonelles Ungleichgewicht Schwindelgefühle und/oder Migräne • Hitzewallungen und Verlangen nach Substanzen, die eine kühlende Wirkung haben • schlechter Atem/Körpergeruch • brennende Halsschmerzen • Übelkeit bei fehlenden Mahlzeiten • Schlaflosigkeit • schwere oder schmerzhafte Menstruationsblutungen

Vata – das Bewegungsprinzip

Vata verkörpert die Energie der Bewegung und wird daher mit den Elementen Luft und Äther in Verbindung gebracht. Die gängige Übersetzung von Vata ist „das, was die Dinge bewegt".

Vata verkörpert die Energie der Bewegung und wird daher mit den Elementen Luft und Äther in Verbindung gebracht.

Vata ist die primäre Antriebskraft der Doshas. Ohne sie können sich die anderen Doshas nicht bewegen. Dem Ayurveda zufolge ist Vata für unsere geistige und körperliche Anpassungsfähigkeit verantwortlich, es regelt alle Bewegungen – den Fluss des Atems, das Pulsieren des Herzens, alle Muskelkontraktionen, die zelluläre Mobilität, unseren Tast- und Hörsinn sowie die Kommunikation im gesamten Geist und Nervensystem.

Wenn Vata im Gleichgewicht ist, können wir unsere Gedanken, Gefühle und Handlungen nahtlos steuern. Wir können uns leicht bewegen, unsere sensorische Integration und unsere mentalen Prozesse fließen und wir fühlen uns großzügig, kreativ und energiegeladen. Wenn unser Vata im Gleichgewicht ist, unterstützt der Atem unser Nervensystem und es herrschen stabile Verhältnisse zwischen den Geweben und Organen. Die Bewegung unserer Lebenskraft (Prana) wird durch Vata reguliert, und diese Funktion ermöglicht es uns, mit Leichtigkeit zu „inspirieren“ (einzuatmen) und uns mit Leichtigkeit hinzugeben (auszuatmen).

Die Eigenschaften von Vata

trocken – leicht – kalt – rau – subtil, fein – beweglich – klar

Vata in seiner natürlichen Balance

GEIST	KÖRPER
• geistige Wachsamkeit • kreativ, künstlerisch • Begeisterung • emotionale Ausgeglichenheit • Wahrnehmungsfähigkeit • mitfühlend • intuitiv • spirituell veranlagt • charismatisch • anpassungsfähig • gute Kommunikationsfähigkeit	• gute Ausscheidung von Abfallstoffen • leichter Schlaf • starkes Immunsystem • einwandfreies Funktionieren der Systeme des Körpers • schlanker Körperbau, geringes Gewicht • trockenes, sprödes Haar • schwankender Appetit • schneller Pulsschlag

Beispiele für ein Übermaß oder Ungleichgewicht von Vata

GEIST	KÖRPER
• Ängste und Sorgen • geistige und emotionale Depression • Neigung zu Überanstrengung • geistige Verwirrung, emotionale Konflikte • Ungeduld • Unfähigkeit, Entscheidungen zu treffen	• körperliche Anspannung und Stresssymptome • Schlaflosigkeit und Einschlafprobleme • chronische Müdigkeit • geschwächtes Immunsystem • Kopfschmerzen, Ohrensausen oder Tinnitus • Krämpfe, Spasmen

GEIST	KÖRPER
• Impulsivität • schnelles und unzusammenhängendes Sprechen • Mangel an Selbstvertrauen • Fantasie, Illusionen	• Untergewicht • Verstopfung, Blähungen • Knack(s)en der Gelenke • Arthrose • unregelmäßiger Appetit • kalte Hände und Füße • trockener Husten und Heiserkeit • unruhige Beine • steife Muskeln und Gelenke • Ängstlichkeit, ängstliche Träume • Schwindel • Gedächtnisschwierigkeiten • Hyperaktivität • Ausbleiben der Regel • Zittern

Zwei Blickwinkel auf die Doshas: Prakriti und Vikriti

Mit dem, was wir als natürliche Balance beschrieben haben, meinen wir das, was der Mensch von Natur aus mitbringt, wie seine Bewegungsneigung, die Tendenz zu einer Pfirsichhaut, überhaupt zur Oberfläche der Haut und auch der Nägel, die charakterlichen Eigenschaften oder geistigen Stärken. Es ist die Urnatur, die Prakriti.

Den Unterschied zwischen Prakriti und Vikriti zu kennen, ist elementar für das Verständnis des Ayurveda.

Die Prakriti ist indiskutabel, sie ist wie das Samenkorn, aus dem das, was darin genetisch gespeichert ist, wachsen darf. Bleiben wir in diesem Bild: Stell dir die Eichel vor, in der alle Informationen für die riesige Eiche, die sie einmal werden kann, gespeichert sind. Die Eichel wird nicht zu einem Ahornbaum heranwachsen (können), auch wenn sie sich das noch so sehr wünschen würde.

Genauso ist es mit uns Menschen. Wenn du dir wünschst, anders zu sein, als die Natur dich geschaffen hat, dann ist das schade, denn das, was dir gegeben ist, ist einzigartig, wunderbar und wert, im richtigen Umfeld gepflanzt und gehegt zu werden. Nur so kann daraus etwas Großartiges erwachsen!

Ist das Umfeld „unpassend" oder im übertragenen Sinne der Lebensstil ungünstig für die eigene Natur, dann gerät die Prakriti aus der natürlichen Balance. Das kann z. B. durch eine unpassende Ernährung oder die „falschen" Entscheidungen im Lebensstil passieren. Wenn sich unsere natürliche Dosha-Zusammensetzung verschiebt, dann bezeichnet dies der Ayurveda als Vikriti, Abweichung. Du hast hier also zwei Blickwinkel auf die Doshas!

Den Unterschied zwischen Prakriti und Vikriti zu kennen, ist elementar für das Verständnis des Ayurveda. Denn viel zu oft werden die Blickrichtungen auf die Doshas vermischt und eine Aussage über die individuelle Konstitution falsch getroffen. Schauen wir uns die beiden Begriffe einmal genau an.

Prakriti

Der Begriff Prakriti bedeutet wörtlich „Natur" oder „Grundmerkmal". Die ursprüngliche Natur ist deine Identität, sie ist nicht veränderbar.

Die Prakriti bezeichnet die angeborene Konstitution, also alle Anlagen, mit denen wir schon auf die Welt gekommen sind.

Die Prakriti bezeichnet die angeborene Konstitution, also alle Anlagen, mit denen wir schon auf die Welt gekommen sind. Die Kombination von Vata, Pitta und Kapha, die zum Zeitpunkt der Empfängnis im Individuum vorhanden ist, wird während des gesamten Lebens beibehalten. Das betrifft die körperliche, physiologische als auch die geistige Ebene gleichermaßen.

Die wichtigsten Faktoren, die die Prakriti eines Menschen bestimmen, sind:

- der Zustand von Sperma und Eizelle
- der Zeitpunkt der Empfängnis und der Zustand der Gebärmutter

- die Ernährungs- und Lebensgewohnheiten der Mutter
- die Verbindung der fünf Grundelemente

Weitere Einflüsse sind:
- die Familie/die Abstammung
- geoklimatische Faktoren
- das Alter der Eltern bestimmt die Dominanz des Dosha
- Individualität

Bei den meisten Menschen wirken ein oder zwei Doshas dominierend. Es kann in seltenen Fällen auch eine Tri-Dosha-Kombination vorkommen, bei der Vata, Pitta und Kapha gleichermaßen manifestiert sind. Die Anteile der Doshas in der Prakriti sind ganz individuell. Sie beeinflussen, wie wir reagieren, wie viel Ruhe oder Bewegung wir brauchen, in welchem Umfeld wir „richtig“ sind oder wie wir die Welt um uns herum wahrnehmen. So ist laut Ayurveda jeder Mensch mit einer eigenen Konstitution ausgestattet, die sich von der anderer Menschen unterscheidet.

Im Ayurveda wird jede Prakriti als gleichwertig angesehen, denn jedes Dosha und jede Kombination hat ihre Qualitäten (mehr dazu auf S. 21).

Vikriti

Die wenigsten von uns befinden sich noch in ihrem ursprünglichen Prakriti-Zustand. Je nach Lebensstil kann sich die Abweichung von der Prakriti erheblich zeigen. Durch den Wohnort, die Umweltbelastung, die Ernährungs- und Bewegungsweise, das Arbeitsumfeld, die Beziehungen, die wir führen, und weitere Faktoren verlagern sich die Anteile von Vata, Pitta und Kapha und führen zu einem „abweichenden“ Zustand, den der Ayurveda Vikriti nennt. Auch hier können sich die Veränderungen auf körperlicher, physiologischer und geistiger Ebene zeigen.

Je nach Lebensstil verlagern sich die Anteile von Vata, Pitta und Kapha und führen zu einem „abweichenden“ Zustand, Vikriti genannt.

Der Ayurveda geht davon aus, dass Unwohlsein oder Krankheit dann entsteht, wenn die Vikriti zu weit von der Prakriti entfernt ist. Unsere Vikriti zu kennen, gibt uns Aufschluss darüber, wo wir buchstäblich aus der Balance geraten sind. Das wiederum hilft uns, selbstwirksam geeignete Maßnahmen zu ergreifen, um wieder in die natürliche Balance, unseren gesunden Zustand, zurückzukehren.

Die Lebensphasen im Rhythmus der Natur

Dem Einfluss der Eigenschaften und ihrem stetigen Wandel sind wir zu jeder Zeit unseres Lebens ausgesetzt. Unser Körper ist eng mit der Welt um uns herum verbunden, und so nehmen wir im Laufe des Lebens, des Jahres und des Tages die Veränderungen in den vorherrschenden Eigenschaften wahr. Gerade in den Übergängen ist die Veränderung am deutlichsten zu spüren.

Im Verlauf eines Lebens durchlaufen wir aus Sicht des Ayurveda drei Lebensphasen.

Im Verlauf eines Lebens durchlaufen wir aus Sicht des Ayurveda drei Lebensphasen, die geprägt sind von zwei wichtigen Übergängen: Da ist zum einen die Pubertät als Übergang von der Kindheit zum Erwachsenwerden, zum zweiten der Übergang etwa ab dem 45. Lebensjahr in den Herbst des Lebens.

Des Weiteren unterscheidet der Ayurveda ebenfalls zwischen den Jahreszeiten, die jeweils unterschiedlich dominierende Eigenschaften haben und uns entsprechend beeinflussen. Außerdem werden der Tag und die Nacht in jeweils drei Teile gegliedert, zu denen jeweils unterschiedliche Eigenschaften unterschiedlich stark wirken.

Go with the flow. – Steig in den Fluss und lass dich treiben.
Anke und Volker

Die natürlichen Rhythmen des Lebens kann man auch sehr schön an einem einfachen Beispiel aus der Natur erklären: Nimm eine kleine Eichel in die Hand und betrachte sie genau. Hast du schon einmal darüber nachgedacht, dass in ihr bereits alle Informationen für einen riesigen Baum enthalten sind? Sobald sie in die passende Erde eingepflanzt wird, folgt sie ganz natürlich dem Fluss der Natur.

- In der **ersten Phase** geht es um Wachstum, Kraft und Stabilität, analog zur Kindheitsphase. Die wachstumsfördernden Elemente Wasser und Erde stehen im Vordergrund.
- In der **zweiten Phase,** wenn das Wachstum abgeschlossen ist, denn alles hat natürliche Grenzen in der Natur, geht es um Etablierung, Stabilisierung der Kraft und Erhaltung der Art, analog zur Phase des Erwachsenseins. Hier steht vor allem das dynamische Feuer-Element mit einem kleinen Wasseranteil im Vordergrund.
- In der **dritten Phase** tritt eine große Veränderung ein. Hier wird die Kraft etwas weniger und der Stoffwechsel verlangsamt sich. Die Energie wird insgesamt leichter, noch mal neue Impulse kommen ins Leben, und gleichzeitig beginnt die Vorbereitung auf die letzte Lebensphase, die geprägt ist von den Elementen Luft und Äther.

Ein Leben im Einklang mit den Rhythmen ist eine wichtige Voraussetzung für ein gesundes, ausbalanciertes Leben.

Genauso folgen die Jahreszeiten und die Tageszeiten einem Rhythmus: Im Winter sammelt der Baum Kraft, um im Frühjahr und Sommer zur vollen Blüte zu kommen, bevor er im Herbst die Blätter wieder abwirft, um sich langsam auf den nahenden Winter vorzubereiten. Mit Blick auf die Tageszeit ist klar, dass am frühen Morgen, bedingt durch den Lauf der Sonne und den Wechsel von Licht und Dunkelheit, andere Kräfte wirken als zur Mittagszeit oder in der Nacht. Die Zyklen wiederholen sich ständig und gelten, solange der Baum lebt.

Jedes Lebewesen ist diesem Rhythmus unterworfen. Unabhängig von Kontinenten, Lebensumfeld, Religion, Hautfarbe, IQ und Kontostand. Das Leben ist das immer gleiche Spiel aus Werden, Sein und Vergehen, eingebunden in die zeitlosen Abläufe der Natur. Wir werden geboren, wachsen, stehen voll im Saft, und am Ende des Weges werden wir wieder leichter und gehen Richtung Äther. Aber die gute Nachricht ist, dass dieses Naturgesetz universell gilt: **Aus etwas, was war, wird nie nichts!**

Energie bleibt immer erhalten

Das erste Gesetz der Thermodynamik besagt, dass die Energie in einem abgeschlossenen System konstant ist. Energie kann weder erschaffen noch vernichtet werden, sondern nur in verschiedene Formen von Energie umgewandelt oder übertragen werden. Die Dinge und Lebewesen auf diesem Planeten verschwinden also nicht einfach, sondern verwandeln sich in eine neue Form von Energie.

Zum leichteren Verständnis dieser komplexen Vorgänge nutzt der Ayurveda das Prinzip der drei Bioenergien mit ihren jeweiligen Eigenschaften, den Doshas. Das kannst du dir vorstellen, wie im Fall der drei Grundfarben, aus denen man unendlich viele Farben mischen kann. Genauso lassen sich aus den Kombinationen der drei Doshas sämtliche Vorgänge in der Natur auf verständliche Art und Weise beschreiben.

Phase 1: Kraftsammeln – Wachstum – Entspannung

Die vorherrschenden Eigenschaften

kalt, schwer, feucht, stabil, weich

Der erste Lebensabschnitt

In der Kindheit stehen Wachsen und Gedeihen im Vordergrund. Stell dir vor, du pflanzt einen Setzling in die Erde und tust fortan alles, was sein Wachstum fördert, damit daraus ein kräftiger Baum entstehen kann. In erster Linie geht es um Ruhe und Stabilität. Mit diesem Verständnis ist es aus Sicht des Ayurveda nicht ungewöhnlich und liegt in der Natur der Sache, dass Kinder keine große Abwechslung möchten, vor allem beim Essen: Da darf es schon mal über Wochen Nudeln ohne Soße sein und zum Einschlafen immer wieder die gleiche Gutenachtgeschichte. Entspannt und locker bleiben sowie Zeit zum Wachstum geben sind hier gute Empfehlungen.

Die Jahreszeiten: Winter bis Frühjahr

Vom Winter bis zum Frühjahr beeinträchtigt die zunehmende Kälte und Schwere zwar das Aktivitätsniveau, kurbelt aber den Stoffwechsel an. So gleicht der Körper die äußere Kälte durch ein stärkeres inneres Verdauungsfeuer aus. Es ist also nicht verwunderlich, dass wir in der Winter- und Weihnachtszeit deutlich kräftiger und deftiger essen und dies auch verdauen können als im Sommer bei 35 Grad. Und wie schon beschrieben, sammelt die Natur in dieser Zeit viel Kraft für die bevorstehende Blüte. Wenn also unser menschlicher Organismus den Rückzug sucht und man starkes Verlangen nach kräftigen, süßen Speisen hat, dann folgt auch dies einem natürlichen Prinzip.

Wenn du allerdings feststellst, du hast zu viel Schwere, Trägheit oder Masse, dann hilft dir der Ayurveda mit seinen ausgleichenden Maßnahmen dabei, wieder zurück in die natürliche Wohlfühl-Balance zu kommen. Auf die Ernährung bezogen heißt das,

- schwere, ölige und süße Speisen zu reduzieren und stattdessen verstärkt leichte, trockene und bittere Nahrungsmittel zu essen,
- mehr Aktivität in den Tag einzubauen, anstatt Tagesschlaf zu halten,
- den Stoffwechsel mit trockenen Bürsten- oder Seidenhandschuhmassagen anzuregen,
- viel warmes Wasser zu trinken und reinigende, scharfe Gewürze zu verwenden.

Die Tageszeiten

Die Tageszeit, in der die oben beschriebenen Eigenschaften vorherrschen, ist jeweils am Morgen von 6 bis 10 Uhr und am Abend von 18 bis 22 Uhr. Wenn du morgens in dieser Zeitspanne aufstehst, dann kann es gut sein, dass du länger brauchst, bis du richtig in Gang kommst, oder am Abend, wenn du später als 18 Uhr isst, das Essen schwerer im Bauch liegt als zur Mittagsstunde. Die Verdauung ist um diese Zeit bei vielen Menschen träge.

Der Aha-Effekt

Nicht immer ist eine starke Tendenz zum Rückzug oder eine gewisse Melancholie in der kühleren, dunkleren Jahreszeit ein negatives Zeichen. Du gehst vielleicht einfach in einer für dich passenden Art und Weise mit den Rhythmen der Natur.

Das vorherrschende Dosha im Einklang mit den Eigenschaften

In der ersten Lebensphase herrscht das Kapha-Dosha vor.

In der ersten Lebensphase, von Winter bis Frühling sowie in den frühen Morgen- und Abendstunden, herrscht das Kapha-Dosha vor. Die Eigenschaften von Kapha sind entsprechend kalt, schwer, feucht, stabil und weich.

Phase 2: Transformation – Aktivität – Fokus

Die vorherrschenden Eigenschaften

heiß, trocken, leicht, flüssig, schnell

Der zweite Lebensabschnitt

Ab der Pubertät bis Ende 40 wirkt die „Sturm- und Drangzeit“ des Menschen. Hier findet das Erwachsenwerden statt. Der Mensch findet seinen beruflichen Weg und oft fällt auch die Gründung einer Familie in diese Zeit. Es ist die Phase des Aufbaus, die viel Aktivität und Fokussierung auf individuell gesetzte Ziele erfordert. Die geistige und körperliche Kraft ist in dieser Lebensphase am stärksten und die Umsetzung der Ziele sowie die Handhabung der Aufgaben fällt relativ leicht.

Die Jahreszeiten: Früh- bis Spätsommer

Der Früh- bis Spätsommer ist geprägt von Trockenheit, Hitze und einer schwachen Verdauungskraft. Häufig braucht der Körper viel Energie für die Kühlung, auch dafür, dass wir gerade bei der Hitze einen „kühlen Kopf" bewahren können. Bei viel äußerer Hitze haben wir deshalb wenig inneres (Verdauungs- und Stoffwechsel-)Feuer. Deshalb fällt vor allem zusätzliche körperliche Anstrengung in dieser Zeit schwerer und Abkühlung ist willkommen.

Wenn du in der heißen Jahreszeit feststellst, dass du zu viel Hitze hast, körperlich wie psychisch, und zunehmend gereizt und unkonzentriert bist, dann kann auch hier der Ayurveda mit seinen ausgleichenden Maßnahmen helfen, wie z. B.

- vorwiegend kühlende Lebensmittel und Getränke konsumieren,
- übermäßige körperliche Anstrengungen möglichst vermeiden,
- salzige, saure und sehr scharfe Nahrung reduzieren,
- regelmäßige Ruhepausen einplanen, vor allem über die Mittagszeit,
- übermäßige Sonne meiden,
- leichte Kleidung tragen.

Die Tageszeiten

Die beschriebenen Eigenschaften wirken vor allem am Tag in der Zeit von 10 bis 14 Uhr und in der Nacht von 22 bis 2 Uhr. In der Mittagszeit ist die Verdauungskraft bei allen Menschen am höchsten. Deshalb sollte die Hauptmahlzeit des Tages um diese Zeit eingenommen werden. Wenn das innere Feuer in der Nacht wieder ansteigt, dann werden viele Menschen nach 22 Uhr noch einmal richtig munter und schaffen es schließlich oft erst, weit nach Mitternacht wieder zur Ruhe zu kommen.

Der Aha-Effekt

Die Mitte des Lebens ist die Phase, in der du oft mit vielen Dingen sehr beschäftigt bist. Faktisch ist es ja auch die Zeit, in der du vieles darfst und – je nach Möglichkeiten – auch kannst. Die Motivation, „voranzukommen", eine Familie zu gründen, sich etwas zu erschaffen, gepaart mit der Tatsache, dass man viel Zeit auf das Thema „Erlebnisse" verwendet, viel unternimmt und unterwegs ist und seinen Platz im Leben sucht, folgt den Prinzipien der Natur, wenn der Keimling wächst und gedeiht.

Das vorherrschende Dosha im Einklang mit den Eigenschaften

In der zweiten Lebensphase herrscht das Pitta-Dosha vor.

In dieser zweiten Lebensphase, im Sommer sowie am Mittag und in der Nacht, herrscht das Pitta-Dosha vor. Die Eigenschaften von Pitta sind entsprechend heiß, trocken, leicht, flüssig, schnell.

Phase 3: Übergang – Leichtigkeit – Bewegung

Die vorherrschenden Eigenschaften

kalt, leicht, beweglich, trocken, subtil

Der dritte Lebensabschnitt

Der dritte Lebensabschnitt ist das Alter, das bei Frauen sehr oft gleichzeitig mit der Menopause, die typische Phase der Wechseljahre, beginnt. Bei beiden Geschlechtern ist diese Lebensphase geprägt durch hormonelle Veränderungen, die sich vielschichtig, körperlich wie auch geistig, zeigen. Mit den vorherrschenden Eigenschaften kalt, trocken, beweglich ist es nicht ungewöhnlich, dass in dieser Zeitspanne auch typische Disbalancen wie Verdauungsprobleme, Schlafstörungen, Trockenheit, frühes Aufwachen und Ängste häufiger auftreten.

Die Jahreszeiten: Herbst und die Übergänge

Die oben beschriebenen Eigenschaften zeigen sich vor allem im Herbst und in allen Übergangsphasen. In diesen Zeiten ist sehr viel Bewegung im System, die Luft wird im Herbst zunehmend kühler, in den Übergangsphasen verändert sie sich merklich. Der Wind nimmt zu, das Klima wird rauer und die Bäume lassen ihre trockenen Blätter fallen.

Im Herbst kann es sein, dass du übermäßig frierst, zunehmend gestresst bist oder ein Gefühl von mangelnder Stabilität hast. Die Trockenheit dieser Phase kann sich auch in der Haut und in den Haaren zeigen. Ausgleichen kannst du hier durch die passende ayurvedische Ernährung in Form von

- süßen, erdenden Speisen,
- warmen Getränken und Gerichten,
- farbintensiven Lebensmittel, die die Energie fördern,
- regelmäßigen Essenszeiten,
- nährenden Ölen und Fetten.

Die Tageszeiten

Die Eigenschaften dieser Phase sind vor allem am Tag von 14 bis 18 Uhr und nachts zwischen 2 bis 6 Uhr dominierend. Menschen, bei denen sich die oben beschriebenen Eigenschaften verstärkt zeigen, tut es gut, zwischen 14 und 18 Uhr einen kleinen salzigen oder süßen Snack zu essen (sprich, das Gegenteil zu kultivieren). Es ist nicht ungewöhnlich, dass man in der Nacht zwischen 2 und 6 Uhr wach wird oder wach liegt – vor allem im Herbst oder im letzten Lebensdrittel.

Der Aha-Effekt

In den Übergangsphasen nimmt die Bewegung zu, was oft zu Unruhe und Unsicherheit führen kann. Daher empfehlen wir hier einen ganz besonders achtsamen Lebensstil.

Das vorherrschende Dosha im Einklang mit den Eigenschaften

In der dritten Lebensphase herrscht das Vata-Dosha vor.

In der letzten Lebensphase, im Herbst und in den Übergängen sowie am Nachmittag und in der Nacht herrscht das Vata-Dosha vor. Die Eigenschaften von Vata sind entsprechend kalt, leicht, beweglich, trocken, subtil.

Das Prinzip von Gegensatz und Ausgleich

Das Prinzip der Gegensätze und des Ausgleichs ist in der Natur kontinuierlich am Wirken. Der Trockenheit des Sommers folgt die Feuchtigkeit des Herbstes; der Dunkelheit der Nacht folgt die Helligkeit des Tages; der Einatmung folgt die Ausatmung; der Nahrungsaufnahme folgt die Ausscheidung; einer harten Zeit folgt eine Zeit, in der die Dinge fließen, und der Kühle des Winters folgt die Wärme des Frühlings. Dieses Schwanken zwischen gegensätzlichen Eigenschaften schafft einen natürlichen Rhythmus, der das Gleichgewicht in der Umwelt fördert.

Der Ayurveda bietet zahlreiche Möglichkeiten, bei einem „Zuviel" wieder die Balance herzustellen.

Der Ayurveda bietet zahlreiche Möglichkeiten, bei einem „Zuviel“ wieder die Balance herzustellen. Denke etwa an Farben, die warm oder kalt sind, an Klänge, die sanft oder scharf sind, an Oberflächen, die sich weich oder rau anfühlen, oder an Gerüche, die klar oder subtil sind. Lass uns das an zwei Beispielen erläutern. Berücksichtige dabei alle fünf Sinne!

Beispiel 1: Du fühlst dich schwer

Ausgleich:

- Schmecken: leicht verdauliche Speisen essen
- Riechen: leichte und helle ätherische Öle wie Zitrone, wilde Orange oder Minze verwenden

- Tasten: belebende Bewegungsübungen, ein Körperpeeling oder einen zügigen Spaziergang machen
- Sehen: eine schöne visuelle Erfahrung machen, z. B. in der Natur spazieren gehen oder Lieblingsfotos anschauen
- Hören: Musik spielen, die zum Tanzen, Lachen oder Lächeln anregt

Beispiel 2: Du bist gereizt – jähzornig, kritisch oder genervt
Ausgleich:
- Schmecken: Lebensmittel essen, die süß, nahrhaft und kühlend sind
- Riechen: im Freien atmen – das Meer, die Blumen, den Wald, oder alternativ eine Duftlampe mit Lavendel aufstellen
- Tasten: kühl duschen oder schwimmen, sich sanft massieren lassen, leichte, weiche Kleidung tragen
- Sehen – den Blick auf etwas lenken, das dich zur Ruhe kommen lässt, Bäume oder grüne Flächen (mit Weite) betrachten
- Hören – ruhige Musik, Naturgeräusche, etwas, das dich schön und sanft fühlen lässt

Du siehst, der Ayurveda nutzt dieses Prinzip der Gegensätze auf allen Ebenen des Körpers, um die Gesundheit zu erhalten. Jede Nahrung und jedes Getränk, das du zu dir nimmst, hat eine Wirkung auf den Körper. Jeder Gedanke und jedes Gefühl, das du erlebst, wirkt sich auf deinen Körper aus. Das gilt auch für die Jahreszeiten und das Wetter. Bewegung oder Bewegungsmangel, Selbstfürsorge oder mangelnde Selbstfürsorge und Schlaf oder Schlafmangel … alle haben einen Einfluss.

> *Das Universum ist voll von Heilungspotenzial. Alles, was wir tun müssen, ist, unsere vorherrschenden Qualitäten zu beobachten und das Prinzip der Gegensätze anzuwenden.*
>
> *Volker und Anke*

Das Universum ist voll von Heilungspotenzial. Alles, was wir tun müssen, ist, unsere vorherrschenden Qualitäten zu beobachten, zu verstehen, wie sie sich auf uns auswirken, und uns zu transformieren, indem wir das Prinzip der Gegensätze anwenden. Ayurveda erkennt an, dass jeder Körper anders ist, daher erfordert das Rezept für Gesundheit, das er verschreibt, eine individuelle Analyse (mehr dazu auf S. 46).

Die Individualität wiederum wird durch die Doshas beschrieben. Diese zu verstehen, wird mit dem Wissen um die 20 Eigenschaften (S. 42) wesentlich leichter, denn jedes der fünf Elemente (Erde, Wasser, Feuer, Luft und Äther), aus denen sich die drei Doshas (Vata, Pitta und Kapha) zusammensetzen, besteht aus den beschriebenen Eigenschaften. Wasser z. B. ist kühl, bis es von der Sonne oder vom Feuer erwärmt wird. Es ist aber auch schwer, und die Schwerkraft sorgt dafür, dass es bergab fließt. Das Feuer dagegen ist heiß und leicht. Seine Flammen steigen nach oben. Luft ist leicht und beweglich, dadurch kann sie schnell die Richtung wechseln. Im Gegensatz dazu ist die Erde stabil und schwer und nicht beweglich.

Welcher Dosha-Typ bin ich?

Wenn wir nun zur Bestimmung deines Dosha-Typs kommen, spielen die 20 Eigenschaften eine große Rolle. Wenn du die Prinzipien der Natur verstanden hast und die Eigenschaften kennst, aus denen sich die drei Doshas Vata, Pitta und Kapha zusammensetzen, kannst du dieses Wissen auf alles übertragen. Anstatt dich dann an den Doshas festzuhalten, kannst du stattdessen mit den Eigenschaften und ihrem Gegensatz zum Ausgleich arbeiten. Du wirst also nicht denken: „Mein Pitta ist erhöht", sondern überlegen, welche Qualitäten bzw. Eigenschaften von Pitta gereizt werden. Dies wird dich zur Quelle der Disbalance führen und dir zeigen,

Anstatt dich an den Doshas festzuhalten, kannst du mit den Eigenschaften und ihrem Gegensatz zum Ausgleich arbeiten.

wie du mit dem Gegensatz einen Ausgleich schaffen kannst. Mit der Zeit werden diese Praktiken intuitiv und unterstützen die Gesundheit das ganze Jahr über.

Kultiviere das Gegenteil

Unsere Empfehlung für dich, um den Ayurveda leichter zu verstehen und in deinem Leben zu verankern: Mache dir diese Eigenschaften und deren Ausprägungen verständlich. Denn wenn es darum geht, zu erkennen, was aus dem Gleichgewicht geraten ist, dann hast du einen ganz direkten, einfachen Ansatzpunkt, die Abweichung (Vikriti, mehr dazu auf S. 31) auszugleichen: Kultiviere das Gegenteil!

Welcher Dosha-Typ bin ich? Dies ist wahrscheinlich die meistgestellte Frage im Zusammenhang mit dem Ayurveda. Um sie zu klären, gibt es unzählige Tests zur ayurvedischen Konstitutionsanalyse, meist in Form eines Fragebogens.

Keiner dieser Tests kann eine ausführliche Konstitutionsanalyse durch einen erfahrenen Ayurveda-Therapeuten oder eine erfahrene Ayurveda-Ärztin ersetzen. Für ein klares Bild von deiner Konstitution braucht es ein weitaus differenzierteres Verfahren. Denn, wie wir schon seit unserer Jugend wissen, in der „Wie bin ich?“-Tests groß angesagt waren: Das Ergebnis war immer ein wenig vorherschbar, und wenn du „der Verständnisvolle“ oder alternativ „die Wilde“ sein wolltest, war ziemlich klar, welche Antworten dieses Testergebnis positiv unterstützt haben. Hinzu kommt eine gewisse Verklärtheit, die wir sicher alle in Bezug auf uns selbst haben: Wer schafft es schon, sich wirklich unvoreingenommen zu betrachten?

Beim Konstitutionstest im Ayurveda ist es außerdem so, dass er häufig zu falschen Ergebnissen führt, denn oft wird nicht klar differenziert, was genau analysiert wird: die Urnatur (Prakriti) oder die Abweichung (Vikriti). Hier noch einmal zur Klarstellung:

- Prakriti ist deine ursprüngliche Konstitution (Urnatur)
- Vikriti ist deine momentane Verfassung (Abweichung)

Zwischen aktuellem und ursprünglichem Zustand unterscheiden

Viele Dosha-Tests unterscheiden nicht eindeutig zwischen dem aktuellen und dem ursprünglichen Zustand.

Viele Dosha-Tests unterscheiden nicht eindeutig zwischen dem aktuellen und dem ursprünglichen Zustand, was wie gesagt dazu führt, dass die beiden Betrachtungsweisen vermischt werden.

Lass uns das an einem konkreten Beispiel erläutern: Nehmen wir mal an, du hast von Natur aus eine starke Pitta-Dominanz, bist demzufolge zielstrebig, ehrgeizig, erfolgsorientiert und fokussiert. Wie wir schon gelernt haben, werden auch Vata- und Kapha-Tendenzen da sein, aber mit einem geringeren Anteil. Durch einen anspruchsvollen Job, viele Meetings, ständiges Reisen und eine damit verbundene unregelmäßige und einseitige Ernährungsweise mit vielen Brötchen, Brezeln und häufigem Stress beim Essen nimmt dein Vata-Anteil enorm zu. Das merkst du vor allem daran, dass deine Haut und deine Haare trocken und brüchig werden, deine Stimme rau ist und du dich häufig räuspern musst. Deine Nerven sind weniger strapazierbar, der Schlaf unruhig, genauso wie die Gedanken und der Geist. Eventuell hast du deutliche Gewichtsschwankungen und wenig Energie. Das Testergebnis zeigt: Dein Vata ist aus der Balance geraten und durch den Lebenswandel stark erhöht.

Diese Momentaufnahme ergibt also, dass du einen Vata-Ausgleich bräuchtest, um es wieder in Balance zu bringen. Mit Blick auf die Eigenschaften von Vata (trocken, rau, leicht, kalt, bewegt) erkennst du direkt, was dir zum Ausgleich hilft: nämlich das Gegenteil zu kultivieren, also feucht, weich, warm, schwer und stabil.

Eine Abweichung von Prakriti, deiner Urnatur ist nicht unbedingt etwas Negatives.

Eine Abweichung von der Urnatur muss aber nicht per se negativ sein. Wenn du ursprünglich eine Vata-Dominanz hast, die sich in Hyperaktivität, zu vielen Gedankenschleifen oder zu trockenem Stuhlgang äußern kann und du es geschafft hast, durch erdende, ölige Ernährung mehr Ruhe und Geschmeidigkeit ins System zu bringen, dann besteht kein Grund, wieder in den Ursprungszustand deiner Prakriti zurückzukehren.

Es geht also vor allem um den Fall eines „Zuviel", wenn du dich in einem Zustand befindest, in dem du dich nicht wohl oder in der Balance fühlst. Dann ist es wichtig, diesem „Zuviel" entgegenzuwirken.

Hast du es gemerkt? Wir blicken hier vor allem auf die Vikriti, die Abweichung, die dir Probleme bereitet. Mit Blick auf die Prakriti würden wir uns z. B. deine Augenform, deine Haut- und Haarstruktur, dein natürliches Gemüt, deinen natürlichen Appetit usw. anschauen.

Das Wissen um deine Prakriti, deine Urnatur, ist spannend und hilfreich, wenn du wissen willst, welche besonderen Qualitäten in dir stecken und wie du über diese Fähigkeiten und Fertigkeiten in der Welt wirksam werden kannst. Wenn du deine Dosha-Verteilung kennst, kannst du deiner innewohnenden Natur entsprechend handeln und leben. Laut Ayurveda macht dich das gesünder, glücklicher und ermöglicht dir ein Leben im Einklang mit dir selbst und deinem Umfeld. Die Prakriti gibt dir auch eine Erklärung für Nahrungs- und Geschmacksvorlieben. Sie hilft dir auch hier zu erkennen, warum du bevorzugt zu bestimmten Dingen greifst und ungern darauf verzichten möchtest.

Das Wissen um deine Prakriti, deine Urnatur, ist spannend und hilfreich, wenn du wissen willst, welche besonderen Qualitäten in dir stecken.

Im Zusammenhang mit unserem Thema, wie dich der Ayurveda bei Unwohlsein oder Krankheiten unterstützen kann, interessieren jedoch vor allem der aktuelle Zustand und die möglichen Abweichungen in Form der Vikriti. Mit dem Wissen um die Eigenschaften und ihre Gegensätze hast du damit einen Hebel, eine aus der Balance geratene Eigenschaft wieder in ihren ausgeglichenen Zustand zu bringen. Wenn dir z. B. kalt ist, dann suchst du nach Speisen, die dich innerlich wärmen, und wenn dein Stuhl zu trocken ist, dann brauchst du Nahrung, die befeuchtend wirkt usw.

Um nun die Frage oben noch einmal aus unserer Sicht und für dieses Buch passend zu stellen: „Gibt es Eigenschaften, die bei mir zu Unwohlsein/Disbalance/Ungleichgewicht führen, und wenn ja, welchem Dosha sind sie zuzuordnen und wie kann ich einen Ausgleich schaffen?“

Der Dosha-Test

Im Folgenden haben wir einen Test für dich erstellt, der darauf abzielt, zu erkennen, welche Eigenschaften eventuell *zum jetzigen Zeitpunkt* aus der Balance geraten sind und welchem Dosha sie zuzuordnen sind, wir sehen uns also wie gesagt vor allem die Vikriti an, die Abweichung. Jede dieser Aussagen, die du bestätigen kannst, dient als Indikator für einen unausgeglichenen Zustand, weil dahinter ein Thema von Unwohlsein steckt.

Wie du das Ergebnis deutest

Lies die Aussagen sorgfältig durch und kreuze an, was aktuell für dich zutrifft. Addiere anschließend die Punkte und schau dir an, wie die Verteilung ist.

Es geht nicht um Verzicht

Denk daran, dass das alles nur Empfehlungen sind, die du für dich selbst austesten darfst. Du darfst und sollst im Ayurveda nie auf etwas ganz verzichten, weil alles in Maßen Medizin für dich sein kann. Es geht darum, dich wieder mehr mit deiner Intuition zu verbinden. Probiere also die Empfehlungen einfach aus und spüre ganz genau hin, ob sie auch wirklich für dich das Richtige sind. Beachte aber bitte, dass jeder Test und jedes Ausfüllen subjektiv und fehlerbehaftet sein kann. Das Ergebnis ist nur eine Annäherung. Wenn du es ganz genau wissen willst, wende dich bitte an einen Ayurveda-Arzt oder eine Ayurveda-Therapeutin deines Vertrauens.

Vata-Disbalance

Ich fühle mich öfter nervös, ängstlich, einsam und/oder verzweifelt.	☐
Wenn ich etwas mache, dann tue ich das hektisch und schnell.	☐
Wenn ich einschlafe, macht mein Körper plötzliche Zuckungen. Ich bin unruhig oder zapple tagsüber herum.	☐
Mein Schlaf ist leicht, unregelmäßig, unruhig und unterbrochen.	☐
Meine Träume sind verrückt, wild und manchmal mit Fliegen und Schweben.	☐
In schwierigen Situationen gerate ich in Panik und werde nervös.	☐
Meine Haut ist trocken, rau, reißt leicht und kann schuppig sein.	☐
Mein Gewicht nimmt im Laufe des Jahres um mehr als vier Kilo zu und ab.	☐
Ich habe Verstopfungen und/oder Blähungen. Mein Stuhl ist unregelmäßig, unförmig, hart und trocken.	☐
Ich nasche zu unregelmäßigen Zeiten während des Tages. Manchmal vergesse ich sogar zu essen.	☐
Ich fühle mich eher zerstreut oder unruhig und habe manchmal ein schlechtes Gedächtnis und Erinnerungsvermögen.	☐
Mein Tagesablauf – Aktivität, Essen, Schlafen – hat keine Konstanz.	☐
Meine Hände und Füße sind oft kühler als der Rest meines Körpers.	☐
Es fällt mir schwer, laute Geräusche und/oder plötzliche Bewegungen zu ertragen.	☐

Pitta-Disbalance

Ich leide unter saurem Reflux, Sodbrennen, sauren Stuhlgängen oder Magengeschwüren (brennendes Gefühl im Magen oder Verdauungstrakt).	☐
Ich schwitze viel, mit übel riechendem Körpergeruch.	☐
Ich bin in letzter Zeit oft ungeduldig, reizbar, wütend oder eifersüchtig.	☐
Ich wache mit einem leichten Brechreiz auf oder fühle mich unwohl oder übel, wenn ich eine Mahlzeit auslasse.	☐
Meine Träume sind actionreich, gewalttätig oder konfrontativ.	☐
In schwierigen Situationen werde ich wütend, ungehalten und raste leicht aus.	☐
Ich fühle mich oft unangenehm warm, während es anderen gut zu gehen scheint.	☐
Ich kann leicht urteilend oder selbstkritisch, ungeduldig und intolerant gegenüber mir selbst und anderen sein.	☐
Meine Haut ist aktuell empfindlich, rot, juckend oder entzündet.	☐
Ich neige zu Entzündungsproblemen: Gelenke, Fieber, rote Augen, Akne.	☐
Ich bekomme Lippenbläschen, Fieberblasen oder andere rätselhafte Hautausschläge.	☐
Manchmal habe ich sehr lockeren Stuhlgang, vielleicht mit Neigung zu Durchfällen.	☐
Mir wird leicht heiß oder ich habe Hitzewallungen oder leichtes Fieber.	☐
Mir wird gesagt, dass ich zu leidenschaftlich oder intensiv bin.	☐

Kapha-Disbalance

Ich habe das Gefühl, dass ich übergewichtig bin, und es fällt mir schwer, wirklich abzunehmen.	☐
Ich habe einen dicken weißen Belag auf der Zunge, wenn ich aufwache.	☐
Ich neige dazu, überschüssigen Schleim in der Lunge und im Körper zu haben. Wenn ich krank bin, habe ich normalerweise Verstopfungen.	☐
Es fällt mir sehr schwer, Dinge, Menschen oder Beziehungen loszulassen, auch wenn sie mich nicht mehr unterstützen.	☐
Es fällt mir schwer, morgens aufzustehen, ich mache gerne ein Mittagsschläfchen.	☐
Ich neige zu übermäßigem emotionalem Essen.	☐
Ich habe das Gefühl, dass ich nicht zur Ruhe kommen und mich entspannen kann.	☐
Mir fehlt es an Vertrauen in mich und das Leben.	☐
Schwierigen Situationen gehe ich zunehmend aus dem Weg.	☐
Ich bin in letzter Zeit lethargisch, unmotiviert oder deprimiert.	☐
Ich esse vermehrt Nahrungsmittel mit süßem Geschmack: Honig, zuckerhaltige Lebensmittel, süße Getränke und Früchte.	☐
Mein Stuhlgang neigt dazu, langsam und klebrig zu sein, sich träge zu bewegen und sich unvollständig anzufühlen.	☐
Ich mag keine Konflikte und ziehe mich lieber zurück, als mich darauf einzulassen.	☐
Ich verändere mich nur langsam, ich fühle mich selbstgefällig, stur und widerstandsfähig gegenüber Veränderungen.	☐

Auswertung

Dosha	Punktezahl
Kapha	
Pitta	
Vata	

Das Dosha, das die meisten Punkte hat, gibt einen Hinweis auf die ausgleichenden Maßnahmen, die du ergreifen kannst.

Das Dosha, das die meisten Punkte hat, gibt einen Hinweis auf die ausgleichenden Maßnahmen, die du ergreifen kannst, um wieder in Balance zu kommen. Das kannst du ganz einfach nachvollziehen: Wenn dein Vata z. B. erhöht ist und du dir die Eigenschaften für Vata noch einmal genau anschaust, dann kultiviere für eine Weile aktiv das Gegenteil, bis du wieder ein Gefühl von „Wohlsein“ hast.

Sollte das Ergebnis nicht eindeutig sein oder du dich schon gut in Balance fühlen, dann blicke am besten auf die oben beschriebenen äußeren Einflussfaktoren wie Tages-, Jahres- und Lebenszeit und wähle die ausbalancierenden Maßnahmen, um dich vor den natürlichen Einflüssen zu schützen.

Die ayurvedische Ernährung

Du weißt nun, wie wir Menschen gemäß der ayurvedischen Philosophie in die Wirkkräfte der Natur eingebunden sind und im Einklang mit dieser in gesunder Balance bleiben bzw. im Falle einer Abweichung wieder in die Harmonie zurückkehren können. Ganz besonders wichtig dabei ist eine angemessene ausgleichende Ernährung. Wie das funktioniert, erfährst du nun im Folgenden.

Die sechs Geschmacksrichtungen

Im Ayurveda werden Lebensmittel in sechs Geschmacksrichtungen, die Shad Rasas, eingeteilt. Sie sind: süß, sauer, salzig, scharf, adstringierend/herb und bitter. Die mit diesen Geschmacksrich-

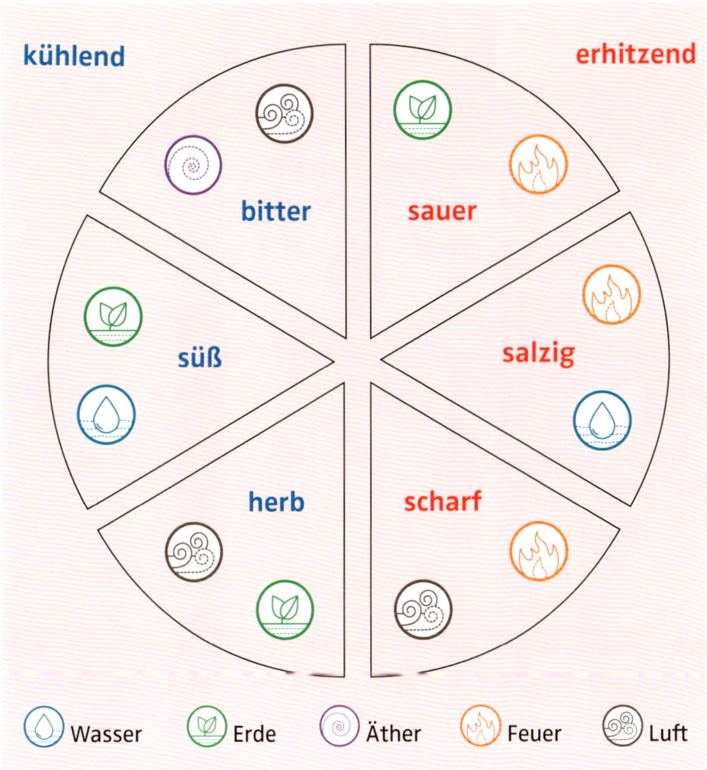

Die 6 Geschmäcker

tungen assoziierten Nahrungsmittel bestehen aus jeweils zwei Elementen und nähren diese Elemente und damit die verbundenen Eigenschaften gleichsam im Körper.

Damit eine Mahlzeit rund und ausgewogen schmeckt, ist eine Empfehlung aus dem Ayurveda, alle sechs Geschmacksrichtungen abzubilden. Das Spannende dabei ist, dass die sechs Geschmäcker aus denselben Elementen wie die Doshas bestehen. Für die Kochpraxis heißt das, wenn alle Geschmacksrichtungen abgebildet sind, ist auch für jeden etwas dabei und du musst nicht vor jeder Mahlzeit eine Typenbestimmung durchführen, um verzweifelt mit fünf Töpfen zu hantieren!

Damit eine Mahlzeit rund und ausgewogen schmeckt, sollte sie alle sechs Geschmacksrichtungen enthalten.

Süß

- Süß besteht aus der Elemente-Kombination von Wasser und Erde und hat die Eigenschaften schwer, feucht und kalt.
- Süße Lebensmittel sind z. B. süße Früchte wie Mango, Birne, Apfel, Banane, Feige, Dattel und Pflaume, süß schmeckende Gemüse wie Pastinake, Kartoffel, Kürbis, Rote Bete, Karotte, Mais, warme Gewürze wie Kardamom und Zimt, Honig, Nudeln, Reis und Getreide sowie fast alle Nüsse. Übrigens: Honig reduziert Kapha, das heißt, die scharfe Qualität von Honig ist ausschlaggebender als der süße Geschmack. Deshalb ist Honig das einzige legitime Süßungsmittel für den Ausgleich von Kapha.
- In gesunder Menge konsumiert, unterstützen süße Lebensmittel eine gesunde Haut, gesunde Körpergewebe und kräftige Haare sowie die Stabilität und Erdung.
- Doshas: Kühlt Pitta, beruhigt Vata und vermehrt Kapha.

Sauer

- Sauer ist eine Kombination von Erde und Feuer und hat die Eigenschaften flüssig, leicht, warm und ölig.
- Saure Lebensmittel und Substanzen stimulieren den Appetit und energetisieren den Körper. Gleichzeitig regen sie die Verdauung an.
- Saure Lebensmittel sind z. B. Zitrusfrüchte, Ananas, Erdbeeren und grüne Trauben, aber auch Tomaten, Käse, Safran, Tamarinde und Essig. Mit sauren Lebensmitteln sollte man sehr sparsam umgehen. Gute Alternativen sind Amchur (Mangopulver) und Tamarindenpaste.
- Doshas: Vermehrt Pitta und Kapha, beruhigt Vata.

Salzig

- Salzig besteht aus den Elementen Feuer und Wasser und vereint die Eigenschaften schwer, ölig, heiß.
- Salziges beruhigt die Nerven, wirkt erhitzend und somit verdauungsfördernd und erweicht das Körpergewebe. Salzige Lebensmittel sind nur Salz und Algen.
- Doshas: Erhitzt Pitta, erhöht Kapha, beruhigt Vata.

Scharf

- Scharf resultiert aus Feuer und Luft und hat die Eigenschaften leicht, trocken und heiß.
- Scharfes wirkt verdauungsfördernd und verbessert den Geschmackssinn. Außerdem kurbelt es den Stoffwechsel an und kann sogar Muskelverspannungen sowie Nervenschmerzen lindern. Moderat eingesetzt wirkt es vitalisierend und regt die Verdauung an.
- Schärfe steckt in Chili, Cayennepfeffer, Ingwer, schwarzem Pfeffer, Kreuzkümmel, Zimt und Nelken, Zwiebel, Rettich und Knoblauch.
- Doshas: Erhöht Pitta, regt Vata an, reduziert Kapha.

Bitter

- Bitter besteht aus Luft und Äther und vereint die Eigenschaften kalt, trocken und leicht.
- Bitteres reinigt die Sinne, wirkt antibakteriell und entgiftend. Es verbrennt Fett und verdaut Zucker.
- Bittere Lebensmittel sind z. B. Salate und Blattgrün, die Gewürze Kurkuma, Zimt, Kardamom und Kümmel, aber auch die Gemüse Chicorée, Artischocken, Karotte, Spargel, Mangold, Rosen- und Blumenkohl sowie Quinoa, Sesam und Kürbiskerne, Hopfen, Löwenzahn, Bockshornkleesamen.
- Doshas: Kühlt Pitta, regt Vata an, reduziert Kapha.

Herb

- Adstringierend/herb entsteht aus der Kombination von Luft und Erde mit den Eigenschaften leicht, trocken und kalt.
- Adstringierendes/Herbes reinigt das Blut, stärkt das Gewebe und wirkt schleimlösend.
- Dieser Geschmack übt einen trocknenden und zusammenziehenden Effekt aus.
- Adstringierende/herbe Lebensmittel sind z. B. Granatapfel, Erbsen, Linsen und Bohnen, Sellerie, Kartoffel, Brokkoli, Karotte, Spinat, Zucchini, Gurke und Blattsalat, Kümmel, Muskat, Safran und Koriander sowie Buchweizen, Sesam, Walnüsse und Sonnenblumenkerne.
- Doshas: Verringert Pitta und Kapha, belebt Vata.

6 Geschmäcker und deren Eigenschaften

Süß

schwer, kalt, ölig statisch, massig
Honig, Getreide, Wurzelgemüse

Sauer

heiß, ölig, leicht, flüssig
Zitrone, Sauerkraut, Essig, Kimchi
Salz, Algen, Sojasoße

Salzig

schwer, heiß, ölig
Salz, Algen, Sojasoße

Scharf

trocken, leicht, heiß
Chili, Senf, Rettich, rohe Zwiebel

Herb

schwer, trocken, kalt
Granatapfel, Sesam, Hülsenfrüchte

Bitter

kalt, leicht, subtil, beweglich
Blattgemüse, dunkle Schokolade, Kaffee

6 Geschmäcker und deren Wirkung auf die 3 Doshas

VATA – Bewegung
bitter, herb

PITTA – Transformation
scharf, sauer, salzig

KAPHA – Nährung
süß

Scharf: erhöht Pitta und Vata und reduziert Kapha
Sauer: erhöht Pitta und Kapha und reduziert Vata
Salzig: erhöht Pitta und Kapha und reduziert Vata
Süß: erhöht Kapha und reduziert Vata und Pitta
Herb: erhöht Vata und Kapha und reduziert Pitta
Bitter: erhöht Vata und reduziert Pitta und Kapha

Manchmal kann das, was man zu einer Mahlzeit trinkt, einen fehlenden Geschmack ergänzen und so für das nötige Gleichgewicht sorgen. Ingwertee zum Beispiel bringt den scharfen Geschmack ins Spiel, während grüner Tee einen adstringierenden Geschmack verleiht.

Probieren und anpassen

Kombinierst du alle sechs Geschmacksrichtungen in einer Mahlzeit, hast du automatisch alle fünf Elemente integriert und damit alle Doshas ausbalanciert. Alle sechs Geschmacksrichtungen sind wichtig für den Geschmack und die vollständige Ernährung. Probieren und anpassen – eine gute Regel fürs Leben!

Beispielkombinationen

	KITCHARI	ZITRONIGER REIS	PORRIDGE	PANCAKES
süß	Reis	Reis	Getreide	Getreide
adstringie-rend/herb	Hülsenfrüchte	Saaten: Sesam, Kürbiskerne, Leinsamen (Deko)	Sesam	Ingwer
bitter	Blattgemüse, Kräuter	Kräuter, Zitronen-schale	Orangenzesten, Kakaonibs	Zitronenschale
sauer	Zitronen-/ Limettensaft	Zitronensaft	Kokosjoghurt	Zitronen-/ Limettensaft
scharf	Ingwer, Chili	Frisches Basilikum	Kardamom, Ingwer	Ingwer
salzig	Mineralsalz	Mineralsalz	Mineralsalz	Mineralsalz

Agni, das Verdauungsfeuer

Die Hauptfunktion des menschlichen Körpers ist der Stoffwechsel oder der ständige Prozess, durch den Energie aufgenommen, umgewandelt und dann wieder abgegeben wird. Dieser metabolische Umwandlungsprozess wird vom sogenannten „Agni", dem Verdauungsfeuer durchgeführt. Der Name Verdauungsfeuer impliziert jedoch nicht, dass dieser Prozess nur auf das Verdauungssystem beschränkt ist. Tatsächlich nutzt der menschliche Körper die mit der Nahrung aufgenommene Energie, um sie in Gewebe umzuwandeln, aus denen der Körper besteht.

Ein ausgeglichenes Agni ist von zentraler Bedeutung für eine gute Gesundheit.

Ein effizienter Stoffwechselprozess sorgt auch für die ordnungsgemäße Beseitigung von Toxinen oder „Ama" (S. 61), wie der Ayurveda sagt, die sich gebildet haben. Ein ausgeglichenes Agni ist also der Schlüssel zu gesundem Gewebe und einer effizienten Ausscheidung von Abfallstoffen. Deshalb ist es gemäß Ayurveda von so zentraler Bedeutung für eine gute Gesundheit. Es ist kein Zufall, dass bestimmte ayurvedische Tipps für die Gesundheit den Schwerpunkt auf die Aufrechterhaltung des Verdauungsfeuers legen.

Die Wirkung auf den Stoffwechsel wird im Ayurveda sowohl bei ganz normalen Lebensmitteln wie Reis, Gemüse und Milchprodukten als auch bei den tausenden traditionellen Kräuterzubereitungen beschrieben. Die Verdauung eines Lebensmittels und seine Umwandlung in das entsprechende Körpergewebe kann bis zu 35 Tage dauern. In dieser Zeit laufen Prozesse im Körper ab, die weit über die reine Nahrungsverwertung in Magen und Darm hinausgehen.

Im Ayurveda geht man davon aus, dass jeder Mensch über zwei Verdauungsfeuer verfügt: Das eine sitzt im Kopf und verarbeitet, sprich verdaut alle feinstofflichen Eindrücke; das andere sitzt im Magen und verdaut alle grobstofflichen Eindrücke, also Nahrungsmittel. Aus diesem Grund bilden im Ayurveda seit Jahrtausenden der Darm mit dem gesamten Verdauungstrakt und die Psyche ein gemeinsames System.

Diese enge Verbindung wurde mittlerweile auch von der westlichen Medizin entdeckt und intensiv beforscht. Mittlerweile gilt der Magen-Darm-Trakt neben dem Sympathikus und dem Parasympathikus als dritter Bestandteil des vegetativen Nervensystems und wird als enterisches (vom Darm kommendes) System bezeichnet. Er ist von einem Netz aus über 100 Millionen Nervenzellen durchzogen und besitzt somit fünfmal so viele Neuronen wie das Rückenmark. Das enterische Nervensystem arbeitet völlig autonom, ist aber den Einflüssen der beiden anderen Bereiche (Sympathikus und Parasympathikus) ausgesetzt.

Bei vielen Krankheiten spielt der Darm eine zentrale Rolle. Das ist nicht verwunderlich, wenn man bedenkt, dass beim Heranwachsen neuen Lebens aus den ersten drei Zellknoten, die sich bilden, später Herz, Darm und Gehirn entstehen. Die Tatsache, dass der Darm ähnlich viele Nervenzellen wie unser Gehirn besitzt, unterstreicht ebenfalls seine zentrale Bedeutung.

Das Verdauungsfeuer und die Doshas

Verdauung und Stoffwechsel laufen in drei Stufen ab. Hier begegnen wir wieder dem Verdauungsfeuer Agni, das je nach Konstitution und Gesundheit stark bis schwach sein kann.

- Vata: schwankendes Verdauungsfeuer; macht sich durch Verstopfung und Durchfall im Wechsel bemerkbar
- Pitta: starkes Verdauungsfeuer; Stuhlgang oft mehrmals am Tag
- Kapha: langsames Verdauungsfeuer; träger Stoffwechsel, der das Gegessene langsam verarbeitet; einmal täglich Stuhlgang normal

Optimiere die Verdaulichkeit

Du bist nicht, was du isst. Du bist, was du verdaust.

Ayurvedisches Sprichwort

Vor etwa einer Million Jahren machten sich unsere Vorfahren das Feuer zunutze, womit sie einen Wendepunkt in der menschlichen Evolution einleiteten. Das liegt vor allem daran, dass die Verdauung viel Energie erfordert. Durch das Feuer wird die Nahrung quasi vorverdaut, sodass sie leichter aufgespalten und eine höhere Nährstoffkonzentration aufgenommen werden kann. Im Vergleich zur Nährstoffdichte aus ungekochter Nahrung ist die Energiegewinnung durch das Erhitzen der Nahrungsmittel unfassbar groß. Die Tatsache, dass von da an weniger Energie für die Nahrungssuche und Verdauung benötigt wurde, wird auch als ein Grund dafür gesehen, dass sich das menschliche Gehirn und die menschliche Kultur rasch weiterentwickelt haben.

Feuer kann man auch durch Gewürze hinzufügen und dadurch die Verdauung ankurbeln.

Feuer kann man übrigens auch durch Gewürze hinzufügen und dadurch die Verdauung ankurbeln: Ingwer, Nelken, Kardamom, Zimt, Chili und schwarzer Pfeffer, um nur einige zu nennen, werden seit Langem bei schweren und schwer verdaulichen Speisen verwendet. Auch kühlende Kräuter und Gewürze wie Minze,

Das Verdauungsfeuer und die Doshas

Koriander und Fenchel können die Verdauung stark fördern. Wir ermutigen dich deshalb, zu experimentieren und herauszufinden, welche Kräuter und Gewürze für dich am besten geeignet sind. Koche deshalb bevorzugt mit Kräutern und Gewürzen, um den Geschmack zu verbessern und die Verdauung zu stärken.

Zehn Regeln für ein gut funktionierendes Agni

1. Nimm so oft es geht warme Mahlzeiten und warme Getränke (zumindest Zimmertemperatur) zu dir.
2. Trinke jeden Tag einen halben Liter warmes Wasser zusätzlich (z. B. aus der Thermoskanne) schluckweise.
3. Trinke vor jeder Mahlzeit einen Verdauungsbooster (Kräutergetränke, S. 89) oder iss ein kleines Stück Ingwer (außer du hast massive Pitta-Störungen wie Magengeschwüre und starkes Sodbrennen; in dem Fall kaue ein Stück frischen Kurkuma).
4. Iss pro Mahlzeit nicht mehr, als in die zu einer Schale zusammengelegten Hände passt.
5. Kaue jeden Bissen mindestens 25- bis 30-mal.
6. Iss in Ruhe, nicht im Stehen oder Gehen.
7. Nimm keine kalten Getränke direkt vor, zum oder direkt nach dem Essen zu dir. Bier oder Eis z. B. werden als eigenständige Mahlzeiten angesehen.
8. Vermeide es, am Abend Salat zu essen; wenn, dann höchstens Rucola, Portulak, Feldsalat und Wildkräuter, am besten eingebunden als Beilage zu einer warmen Mahlzeit und mit verdauungsfördernden Gewürzen angemacht.
9. Bewege dich nach einer Mahlzeit zehn bis 20 Minuten an der frischen Luft.
10. Iss mindestens zwei Stunden vor dem Zubettgehen nichts mehr.

Die elfte Regel

Die elfte Regel möchten wir dir noch als wichtigen Punkt mitgeben, denn: Du hast die Wahl! Es geht nicht darum, jeden Tag akkurat alle Punkte abzuhaken. Wichtig ist, dass du beginnst, dich wieder für dein Leben und dein Wohlbefinden zu interessieren. Daher:
11. Locker bleiben.

Ama – die ausscheidungspflichtigen Stoffe

Ama wird ganz oft übersetzt mit: „nicht ausreichend durch das Verdauungsfeuer verbrannt". Noch deutlicher wird die Bedeutung allerdings, wenn man das Wort von seiner grammatischen Seite beleuchtet. Denn „a" ist eine verneinende Vorsilbe im Sinne von „nicht", und „ma" bedeutet „ich". Ama ist also „etwas, das nicht zu mir gehört" oder bezogen auf die Ernährung noch besser „etwas, das nicht zu mir wird".

Damit sind also alle Stoffe gemeint, die der Körper, und im Sinne des Ayurveda auch die Psyche, nicht verstoffwechseln und umwandeln kann. Infolgedessen können Rückstände im Körper verbleiben, die auf Dauer das Potenzial haben, Krankheiten zu verursachen. Wir verwenden häufig den Begriff Schlacken, was aus Sicht des Ayurveda eine eher unpassende Bezeichnung ist, es sind viel mehr ausscheidungspflichtige Stoffe.

Mit Ama sind alle Stoffe gemeint, die der Körper, und im Sinne des Ayurveda auch die Psyche, nicht verstoffwechseln und umwandeln kann.

Ama besitzt folgende Eigenschaften: kalt, schwer, feucht, dick, klebrig, trüb, zur Gärung neigend. In Indien leitet man diese Stoffe mit einer großen Reinigungskur (Panchakarma) aus. Primär wird allerdings präventiv gearbeitet.

Ama wird im Körper auf zwei Ebenen produziert:

- Lokales Ama: Es wird normalerweise im Magen-Darm-Trakt produziert.
- Systemisches Ama: Es kann auch auf den systemischen Ebenen gefunden werden, wenn es den Darm verlässt und andere Strukturen schädigt.

Lass uns das an einem praktischen Beispiel erläutern: Unvollständig verdaute Nahrungsbestandteile sammeln sich im Darm, was zu Darmerkrankungen, z. B. Magen-Darm-Entzündung, führen kann. Dies beschreibt lokales Ama. Wenn nun unverdaute Stoffe (Ama) die Darmschleimhaut durchdringen, zirkulieren sie im Körper und wirken als ein Antigen, was in großem Maße zu einer Verunreinigung des Gewebes führt. In diesem Fall handelt es sich nun nicht mehr um lokales Ama, das den Magen-Darm-Trakt schädigt, sondern um sogenanntes systemisches Ama. Durch die Diffusion in umliegende Körpersysteme kann es nach ayurvedischer Sichtweise Schädigungen außerhalb des Darmes verursachen. Rheumatoide Arthritis ist ein Beispiel für eine entsprechende Folgeerscheinung.

Symptome und Ursachen für Ama

Einige allgemeine Symptome, die auf das Vorhandensein von Ama hinweisen, sind:

- Verdauungsstörungen, klebriger, stinkender Stuhl
- Mundgeruch und dauerhafter Zungenbelag
- Auswurf von klebrigem Schleim, Appetitverlust
- Geschmacksverlust
- aufgeblähter Bauch oder Brustkorb mit Druckschmerz
- Schweregefühl
- Müdigkeit
- Kraftlosigkeit, Abstumpfen des Geistes und der Sinne

Diese Faktoren können Ama fördern:

- trockene und kalte Lebensmittel
- saure, schleimhautreizende Lebensmittel
- schwere Lebensmittel wie Fleisch, sehr fetthaltige Lebensmittel und kalte Milchprodukte
- blähende, ungekochte Lebensmittel wie Kohlgemüse, Salat, Zwiebeln, Knoblauch

- Nahrungsaufnahme, bevor die vorangegangene Mahlzeit komplett verdaut ist
- unregelmäßige Nahrungsaufnahme
- Vergorene, künstlich hergestellte und künstlich haltbar gemachte Nahrung
- zu viel Essen
- unsachgemäß durchgeführtes und zu häufiges Fasten
- starke Emotionen bei der Nahrungsaufnahme wie Zorn, Angst, Gier, Kummer, Stress
- ungünstige Kombinationen von Lebensmitteln

Besonders achtsam solltest du bei der Verwendung von Milch sein. Denn Milch gilt zwar im Ayurveda als klassisches Aufbautonikum, sie ist aber schwer verdaubar und sollte daher immer nur gekocht und zusammen mit Gewürzen wie Kardamom, Zimt und Muskat verzehrt werden. Daneben sollte Milch nie mit Saurem, Salzigem, Fleisch, Fisch, Knoblauch, Rettich, Granatäpfeln, Blattgemüse, Sesamsamen, Basilikum, Senf und Bananen kombiniert werden. Besser verträglich ist Milch in Kombination mit Getreide, Reis, Honig, Mango, Zucker, Weintrauben, Ingwer, Pfeffer, Zimt, Kardamom und Ghee.

Weitere Kombinationen, die zur Bildung von Ama führen können:

- Fleisch nie mit Honig, Sesam, Milch, Rettich, Zucker oder Sprossen kombinieren
- Fisch nie zusammen mit Bananen, Joghurt und Buttermilch essen
- Honig und Ghee sowie Honig und Wasser nie zu gleichen Teilen einnehmen und Honig auf keinen Fall über 45 Grad erhitzen

Die 20 Eigenschaften berücksichtigen und ausgleichen

Du hast nun einen Einblick bekommen, wie die 20 Eigenschaften auf uns Menschen allgemein und dich selbst wirken. Du hast gelernt, wie wichtig das Thema Balance ist, und hast den Dosha-Test gemacht, um für dich selbst zu schauen, wo du eventuell gerade im Ungleichgewicht bist. Damit weißt du schon, wo du ansetzen solltest, und hast das Rüstzeug bekommen, um die passenden Entscheidungen für einen gesünderen Alltag zu treffen.

Die Nahrung, die du dir zuführst – zusammen mit der Luft, die du atmest – baut jede Zelle deines Körpers auf.

Nahrung kann und soll von nun an deine Medizin sein, so wie es seit jeher im Ayurveda beschrieben ist. Denn unpassende Entscheidungen für deinen Lebensstil, deine Ernährung oder dein Umfeld sind für viele chronische und degenerative Krankheiten eine Hauptursache. Um sie zu vermeiden, ist es wichtig zu verstehen, welche Eigenschaften die Lebensmittel haben, die du (regelmäßig und bevorzugt) isst. Denn wann immer du etwas isst, durchdringen die Qualitäten dieser Nahrung deinen Körper. Die Nahrung, die du dir zuführst – zusammen mit der Luft, die du atmest – ist der Baustoff für jede Zelle deines Körpers.

Mit dem Blick auf die Eigenschaften und ihre Gegenpole hat der Ayurveda zwei einfache Prinzipien formuliert, die dir helfen, die Lebensmittel zu finden, die für dich individuell und in der aktuellen Situation am besten für eine gesunde Balance geeignet sind:

„Gegensätzliche Eigenschaften schwächen sich ab“: Wenn dir kalt ist und du einen warmen Tee trinkst, dann lässt der Frost nach.

„Gleiches verstärkt Gleiches“: Wenn dir kalt ist und du ein Eis isst, dann wird dir noch kälter werden.

In den meisten Fällen ist es so, dass wir in den Lebensmitteln Eigenschaften suchen, die das Gegenteil dessen bewirken, was aktuell in unserem Körper und Geist im Übermaß vorhanden ist. Also wenn dir aktuell oft zu heiß ist, dann suchst du bevorzugt kühlende Lebensmittel. Und wenn du dich gerade zu schwer fühlst, dann bevorzugst du Lebensmittel, die eine leichte Qualität haben.

Hat dein Dosha-Test ein Übermaß an Vata gezeigt, was bedeutet, dass du tendenziell kalt, leicht und trocken bist, dann wirst du einen Ausgleich in warmen, erdenden (schweren) und feuchten Lebensmitteln finden – auch wenn deine Vorliebe Richtung Knäckebrot und Salat geht. Bist du mit einer Pitta-Disbalance und dadurch mit zu viel Hitze oder gar Entzündungen belastet, dann hilft dir eine Ernährung, die kühlend und erdend ist. Und bei einem Zuviel an Kapha, mit einer Tendenz zu viel Kälte, Feuchtigkeit oder Schleim und Schwere, braucht es Nahrungsmittel, die heiß, leicht und trocken sind, um das gesunde Gleichgewicht wiederherzustellen.

Das Wissen um diese zwei wichtigen Prinzipien hilft dir, jeden Tag gute Entscheidungen hinsichtlich deiner Ernährung zu treffen.

Wichtige Ausgleichsmittel

Als weitere Hilfestellung haben wir dir hier ein paar wichtige Ausgleichsmittel für die gängigsten Lebensmittelgruppen zusammengefasst. Die entsprechenden Gewürze gibst du am besten direkt beim Kochen hinzu, die frischen Kräuter dagegen erst kurz vor Ende der Garzeit, damit sie ihre Wirkung nicht verlieren. Eine Kräuter- und Gewürzübersicht findest du ab S. 158.

Milchprodukte und Eier

- Sie bilden Schleim und können Verstopfungen verursachen.
- Ausgleichsmittel sind Pfeffer, Ingwer, Cayennepfeffer, Kardamom, Nelken, Koriander, Kurkuma und Petersilie.

Fisch und Fleisch

- Fisch und Fleisch sind schwer verdaulich, vor allem Schweinefleisch bildet viel Säure.
- Ausgleichsmittel sind Kokosnuss, Nelken, Pfeffer, Ingwer, Kreuzkümmel und Koriander.

Getreide

- Hafer, Reis und Weizen bilden Schleim und können die Gewichtszunahme fördern.
- Ausgleichsmittel sind Anis, Kümmel, Fenchel, Pfeffer, Zimt, Nelken, Kardamom und Kümmel.

Hülsenfrüchte

- Hülsenfrüchte verursachen vor allem Blähungen.
- Ausgleichsmittel sind Nelken, Bohnenkraut, Ingwer, Steinsalz, Anis, Kümmel, Fenchel, Asafoetida, Pfeffer, Senfsamen, Koriander und Kreuzkümmel.

Rohe Zwiebeln und Knoblauch

- Beides fördert innere Unruhe und Hitze. Zwiebeln und Knoblauch sollten immer gekocht oder angedünstet werden.
- Ausgleichsmittel sind Senfsamen, Kokosraspel, Steinsalz, Anis, Kümmel, Fenchel, Bohnenkraut, Thymian, Ghee, Rosmarin, Oregano und Estragon.

Kohlgemüse und Salat

- Vor allem Kohl sollte nie roh gegessen werde, da er starke Blähungen bis hin zu Krämpfen auslösen kann. Setze Salat in deinem Speiseplan nur äußerst sparsam ein – am ehesten noch Rucola oder Feldsalat.
- Salat sollte immer mit hochwertigen Ölen wie Olivenöl angemacht und mit Steinsalz und Pfeffer kombiniert werden.
- Das beste Ausgleichsmittel bei Kohl ist immer Kochen oder Andünsten mit Senfsamen, Kümmel, Anis, Fenchel, Asafoetida, Pfeffer und Steinsalz.

Süßes Obst wie Banane und Avocado

- Sie bilden Schleim und fördern die Gewichtszunahme.
- Ausgleichsmittel sind Kurkuma, Ingwer, Pfeffer, Kardamom und Senfsamen.

Mango

- Mango kann Durchfall bewirken.
- Ausgleichsmittel sind Ghee, Kardamom, Anis, Fenchel, Minze und Kümmel.

Trockenfrüchte

- Trockenfrüchte verursachen Trockenheit und ein Kältegefühl.
- Ausgleichsmittel sind Einweichen in warmem Wasser und Kardamom, Zimt, Anis oder Sternanis.

Tee und Kaffee

- Tee und Kaffee wirken sowohl anregend als auch dämpfend.
- Ausgleichsmittel sind Kardamom, Ingwer, Pfeffer, Zimt, Sternanis, Muskat und Nelken.

Nüsse

- Sie befördern die Hitze im Körper und bewirken Blähungen.
- Die Nüsse zum Ausgleich über Nacht in Wasser einweichen und anschließend in Ghee anrösten.

Alkohol

- Alkohol regt an, dämpft aber auch den Organismus.
- Ausgleichsmittel sind Kümmel, Kardamom, Anis und Koriander.

Süßigkeiten

- Sie verursachen Verstopfung.
- Ausgleichsmittel sind Ingwer, Chili, Minze, Kardamom, Steinsalz, Basilikum, Rosmarin und Thymian.

Tabak

- Tabak fördert die Hitze und innere Unruhe.
- Ausgleichsmittel sind Selleriesamen, Kalmuswurzel, Minze und Kardamom.

Wie du Ayurveda in allen Lebensmitteln findest

Getragen von einem tiefen Verständnis, dass jeder Stoffwechsel individuell funktioniert, gibt es in der ayurvedischen Ernährung keine Standards oder Einheitsgröße für alle Menschen. Was bei dir gut funktioniert, weil du es gut verdauen kannst, muss bei einem anderen nicht genauso gut funktionieren. Das erinnert an das alte Sprichwort, dass die Medizin des einen das Gift des anderen sein kann.

Der Ayurveda ist eine universelle Wissenschaft. Seine Prinzipien kannst du ganz einfach lokal anpassen und individuell anwenden.

Die individuelle Herangehensweise an die Ernährung nach Ayurveda, die viele erst einmal zu dem Gedanken bringt: „Das ist zu kompliziert“, ist eigentlich super einfach.

Zu den vielen einzigartigen Qualitäten des Ayurveda gehört seine Fähigkeit, auf situative und individuelle Bedürfnisse einzugehen und anzuerkennen, dass wir alle unterschiedliche Konstitutionen, körperliche Herausforderungen, Stärken und Schwächen sowie Geschmacksvorlieben haben. Wir leben in verschiedenen Regionen der Welt und haben nicht immer Zugang zu den klassisch ayurvedischen Zutaten, die in Indien heimisch sind. Anstatt Standard lautet deshalb die Losung: Es kommt darauf an!

Bittermelone, Schlangenkürbis, schwarze Kichererbsen, Urad Dal, Fingerhirse, Jamunfrucht, Büffelmilchjoghurt, Neemblüten, Bambussprossen, Brinjal, Khol, Methiblätter, Curryblätter, Ajwan, Asafoetida – nicht in deinem Laden vor Ort? Das macht nichts, denn es wird deine Fähigkeit, dich an den ayurvedischen Prinzipien zu orientieren, nicht einschränken oder behindern.

Der Ayurveda ist eine universelle Wissenschaft. Die Prinzipien kannst du ganz einfach lokal anpassen und individuell anwenden. Selbst etwas so Standardmäßiges und Einfaches wie Kitchari, eine cremige Schüssel mit Mungobohnen und Reis (Rezept S. 120), lässt sich lokal leicht anpassen. Die Idee dahinter ist wichtiger als die genaue Umsetzung nach Rezept. Wenn du also eine Zutat aus dem Rezept nicht bekommen kannst, dann orientiere dich an den sechs Geschmäckern und ersetze die Zutaten entsprechend. Wenn du einen nachhaltigen ayurvedischen Lebensstil annehmen willst, dann lerne, die Idee des Ayurveda an das anzupassen, was dort, wo du lebst, verfügbar ist, was dir schmeckt und wie deine Verdauung auf diese Mahlzeiten reagiert.

Die Idee dahinter ist wichtiger als die genaue Umsetzung nach Rezept.

Unabhängig davon, was du in deinem Kühlschrank hast oder im örtlichen Lebensmittelgeschäft oder auf dem Bauernmarkt kaufen kannst, solltest du bei der Zusammenstellung deiner Mahlzeiten die folgenden Grundprinzipien beachten:

- Mische die sechs Geschmacksrichtungen.
- Wähle Lebensmittel, die dein Verdauungsfeuer (Agni) aktivieren.
- Sorge für gute und regelmäßige Ausscheidung (Ama).
- Achte auf die Eigenschaften der Nahrungsmittel im Einklang mit deinen Bedürfnissen.
- Berücksichtige unsere Tipps, etwa die Sonnenenergie, die Farben im Essen oder die Atmosphäre der Zubereitung.

Wir ergänzen immer gerne noch diese beiden Elemente:

- Wähle Lebensmittel, deren Zutatenliste nur aus einer Position besteht: Karotte, Kartoffel, Reis …
- Wähle Lebensmittel, für die es kein aufwendiges Marketing gibt. Hast du schon mal Fernsehwerbung für Brokkoli und Kartoffeln gesehen?

Unsere Top-10-Tipps

Während die Ernährung in der modernen Ernährungswissenschaft stark aus einer rein funktionalen, inhaltlichen Perspektive betrachtet wird, spielen im Ayurveda andere Aspekte eine sehr große Rolle. So existieren weitere Ebenen, die darüber entscheiden, wie das, was wir zu uns nehmen, auf unseren Körper und unseren Geist wirkt. Der Ayurveda beschreibt dabei die folgenden Aspekte jenseits von Ernährungspyramide und Kalorientabelle.

1. Suche die Sonne

Mit der Ernährung möchten wir uns vor allem etwas zuführen, das uns nährt, stärkt, gesundes Gewebe aufbaut und das Energielevel hochhält. Wir suchen Vitalität und Lebensenergie, und die finden wir im Sonnenlicht.

Ziehe frische, lebendige Zutaten solchen, die konserviert im Regal stehen, vor.

Natürliche Nahrung wächst durch ihre Fähigkeit, Sonnenlicht zu verstoffwechseln. Wenn wir also eine Mahlzeit zu uns nehmen, essen wir im Idealfall die Lebenskraft des Sonnenlichts. Deshalb lautet eine ayurvedische Empfehlung, frische, lebendige Zutaten solchen, die konserviert im Regal stehen, vorzuziehen. Wenn du dann doch mal auf getrocknete, gefrorene oder verpackte Lebensmittel zurückgreifen musst oder willst, dann füge frische Gewürze oder Beilagen hinzu, um die sechs Geschmacksrichtungen zu ergänzen. So erhältst du nicht nur eine gesündere, sondern auch eine leckere, ausgewogene Mahlzeit.

Hol dir die Energie der Sonne

Iss vorzugsweise Lebensmittel, die reich an Sonnenlicht und -energie sind. Belebe Konserven oder abgepackte Lebensmittel mit einer Handvoll frischem Grün, frischen Kräutern oder in Ghee sautierten Gewürzen.

2. Iss bunt

Ein Regenbogen der Farben in Früchten und Gemüsesorten gibt uns die Möglichkeit, Lebensmittel zu essen, die reich an Nährstoffen sind, die mit verschiedenen Farben in Verbindung stehen und jeweils ihre eigenen gesundheitlichen Vorteile haben:

Grüne Lebensmittel

antioxidativ, entzündungshemmend, für Zellschutz, Hautgesundheit, Hormonhaushalt, Herzgesundheit, Lebergesundheit, gegen Nervosität und Überreiztheit, reich an Mineralien

Rote und rosafarbene Lebensmittel

zur Leistungssteigerung, regen die Verdauung an, entzündungshemmend, für die DNA-Gesundheit, die Gesundheit des Immunsystems, der Prostata und der Gefäße

Weiße Lebensmittel

antimikrobiell, für die Magen-Darm-Gesundheit, Herz- und Lebergesundheit und den Hormonhaushalt, wirkt geistig klärend und reinigend, zur Unterstützung von körperlichen Reinigungsprozessen, im Allgemeinen eine Quelle komplexer Kohlenhydrate

Gelbe und orangefarbene Lebensmittel

stärken die Nerven, regen den Intellekt an, fördern die Konzentration, vertreiben depressive Verstimmungen, wirken appetitanregend, gut bei Schilddrüsenüberfunktion; Quelle von Beta-Carotin (Carotinoiden)

Blaue und violette Lebensmittel

zügeln den Appetit, fördern innere Ausgeglichenheit, entzündungshemmend, entspannend, herz- und gefäßgesund; Quelle für Proanthocyanidine (sekundäre Pflanzenstoffe)

Braune Lebensmittel
vermitteln Glück und Geborgenheit, können aber auch zur Sucht werden; braune Gewürze in Wein oder Nachspeisen gemischt haben aphrodisierende Wirkung

3. Iss mit der Jahreszeit

Die Natur bietet uns genau das an, was wir zum Ausgleich brauchen.

Die Natur sorgt perfekt für uns, gerade wenn es um die jahreszeitlichen Wetterbedingungen geht. Dann bietet sie nämlich genau das an, was es zum Ausgleich braucht. Im Frühling z. B., wenn Nebel, Regen und die Schneeschmelze des Winters die Flüsse ansteigen lassen, versorgt sie uns mit Farben und essbaren Wildpflanzen, die wärmend, adstringierend und bitter sind: Senf, Rucola, Brunnenkresse, Radicchio, Brennnesseln, Grünkohl, Spinat, Radieschen, wilde Zwiebeln, Knoblauch, Schnittlauch, Oregano, Basilikum, Petersilie und Thymian setzen den schweren, nassen und kühlen Qualitäten des Frühlings Licht, Trockenheit und Wärme entgegen und helfen so, die Stagnation des Winters zu lösen und Leichtigkeit für den Sommer zu bringen.

Die Früchte des Sommers sind kühlend, erfrischend und sogar süß. Kopfsalat, Kürbis, Melonen, Koriander und saftige Früchte halten uns ausgeglichen, kühl und satt.

Im Winter, wenn es kühl und farblos ist, schickt uns die Natur wieder ganz viel wärmende Energie in Form von Farben und nahrhaften Gemüsen: Rotkohl, Pastinaken, Rosenkohl, Karotten, Grünkohl usw. Dann kann es ausreichen, die Gewürze in Ghee anzubraten und eine Handvoll frisches Gemüse hinzuzufügen, um eine sättigende Mahlzeit zu erhalten.

Natürlich ausgleichende Zutaten in jeder Jahreszeit
Die Intelligenz der Natur enthält natürlich ausgleichende Zutaten für das primäre Dosha jeder Jahreszeit. Wenn du deine nächste Mahlzeit planst, füge etwas direkt aus dem Garten der Saison hinzu, um dein Wohlbefinden zu optimieren.

4. Bring gute Energie in deine Speisen

Erinnerst du dich an den Duft von Omas selbst gebackenem Kuchen? Die Liebe und Hinwendung darin war einmalig, da musste es kein aufwendiges Rezept sein. Sicherlich hast du deine ganz eigene Erinnerung an dein Lieblingsessen von früher. Auf die Zubereitung der Nahrung wird im Ayurveda besonders viel Wert gelegt.

In der gesamten vedischen Kultur wird sehr großen Wert auf innere und äußere Reinheit gelegt. So können Herz und Verstand von allen Unreinheiten befreit werden. Die Küche, alle Kochgeräte und vor allem der Koch sollten aufgeräumt, sauber und achtsam sein.

Die Küche, alle Kochgeräte und vor allem der Koch sollten aufgeräumt, sauber und achtsam sein.

5. Kombiniere Nahrungsmittel sinnvoll

Nahrung sollte stets so zusammengestellt sein, dass alle Aspekte des Geschmacks, der Verdaubarkeit und der einfachen Aufnahme aller Nährstoffe berücksichtigt sind. So schlägt der Ayurveda vor: Reis und anderes Getreide passen sehr gut zu Gemüse und Hülsenfrüchten. Milchprodukte passen gut zu Getreide und süßem Obst, Frischmilch sollte dagegen nicht mit Gemüse, sauren Früchten oder fermentierten Produkten verzehrt werden.

Für die Verdaubarkeit der Nahrung ist neben der Qualität der Lebensmittel auch die Kombination sehr wichtig. Wir erleben häufig in unseren Kursen, dass Menschen mit vermeintlichen Unverträglichkeiten auf einmal doch problemlos z. B. Weizen oder Hülsenfrüchte vertragen.

Für eine gute Verdauung sollten laut Ayurveda 0,5 Liter für Raum, 0,5 Liter für Flüssigkeiten und 0,5 Liter für feste Nahrung kalkuliert werden.

6. Achte auf die richtige Menge

Wie sehr uns eine Mahlzeit nährt, hängt nicht nur von theoretischen Nährwerten ab, sondern vor allem davon, wie viel unser Verdauungssystem aufnehmen kann und wie belastbar es ist. Generell braucht es Raum, damit im Körper genug Platz für verschiedene Abläufe ist. Das gilt auch für den Magen, der ein durchschnittliches Volumen von 1,5 Litern hat. Damit eine gesunde Verdauung ablaufen kann, sollten laut Ayurveda 0,5 Liter für Raum, 0,5 Liter für Flüssigkeiten und 0,5 Liter für feste Nahrung kalkuliert werden. So kann die Nahrung in einem gut verträglichen Gleichgewicht aufgenommen und verstoffwechselt werden.

7. Lösche dein Verdauungsfeuer nicht mit Getränken

Nähre das Verdauungsfeuer Agni im Ayurveda (ein Bild, das auch in unserer modernen Welt verwendet wird, wenn wir vom Verbrennen von Kalorien sprechen), genauer das Feuer im Magen, Jathar-Agni. Wasser und Feuer sind bekanntlich Antagonisten, deswegen gilt dieser Grundsatz im Ayurveda: Trinken vor dem Essen löscht das Verdauungsfeuer und es besteht die Gefahr des Überessens. Maßvolles Trinken während des Essens, und zwar warmer oder zimmerwarmer Getränke, gilt als förderlich, da es den Speisebrei geschmeidig macht. Nach Abschluss der Mahlzeit sollten die Verdauungssäfte allerdings nicht weiter verdünnt werden.

8. Achte auf die Herkunft der Nahrung

Der Gedanke, dass die Energie des Kochs auf die Speisen übergeht, gilt auch für die Produktion der Lebensmittel. Sie sollte stets achtsam, in der nötigen Demut und mit Respekt vor der Schöpfung erfolgen. Da es natürlich vor mehreren tausend Jahren noch keine künstlichen Düngemittel und Genmanipulation gab, sind damit vor allem biologisch-dynamisch erzeugte Produkte gemeint. Die höchsten Anbaustandards und damit am nächsten zum Ayurveda sind die nach Demeter-Richtlinien produzierten Lebensmittel.

9. Wähle die richtige Zeit für die Nahrungsaufnahme

Die Hauptmahlzeit sollte im Optimalfall um die Mittagszeit eingenommen werden, da hier das Verdauungsfeuer am stärksten ist. Nach einer kleinen Mahlzeit sollten drei Stunden, nach einer üppigen Mahlzeit mindestens fünf Stunden vergangen sein, bis wieder etwas gegessen wird.

Die Hauptmahlzeit sollte im Optimalfall um die Mittagszeit eingenommen werden.

10. Schaffe eine positive Atmosphäre

Eine entspannte Atmosphäre und gute Laune beim Essen wirken sich sehr positiv auf die Verdauung aus. Das Umfeld sollte einladend und die Gespräche bei der Mahlzeit erbaulich und friedvoll sein. Versuche jegliche negativen Emotionen zu vermeiden.

Besonders intensiv werden in diesem Zusammenhang seit Jahren die sogenannten Blue Zones erforscht. Das sind Regionen, in denen die Menschen überdurchschnittlich gesund alt werden. Darunter sind auch Regionen in Griechenland und auf Sardinien. Neben der Ernährung ist diesen Regionen auch der gemeinschaftliche Zusammenhalt noch sehr hoch. Ein von 80 jährigen Nonnas in Italien mit viel Liebe gekochtes Pastagericht in Gemeinschaft genossen ist für die Seele eine der heilsamsten Therapiemethoden überhaupt!

DEINE AYURVEDA-KOCHWERKSTATT

Mit 50 unseren köstlichen Rezepten kannst du die Phasen des natürlichen Wandels begleiten, bleibst in Balance oder findest wieder zu dieser zurück. Ganz ohne komplizierte Doshas, exotische Lebensmittel und stressige Küchenplanung.

TYPGERECHT KOCHEN

Seit vielen Jahren machen wir die Erfahrung, dass die Orientierung nach den Doshas beim Thema Ernährung mehr verwirrt, als dass sie hilft. Deshalb möchten wir in unserem Buch dieses Thema vereinfachen und klären:

Grundsätzlich sind die Rezepte in unserem Buch nach den wichtigsten Prinzipien des Ayurveda so gestaltet, dass du sie alle ganz entspannt nach Lust und Laune auswählen kannst. Sie sind Dosha-unabhängig für jeden Menschen geeignet.

Denn für alle Rezepte gelten zwei der wichtigsten Prinzipien im Ayurveda, die sich positiv auf alle Doshas auswirken:

- Der Stoffwechsel wird entlastet.
- Alle sechs Geschmäcker sind enthalten.

Wenn bei deinem Dosha-Test (S. 46) eine Abweichung herausgekommen ist und damit du auch in diesem Fall die volle Power des Ayurveda nutzen kannst, haben wir dir hier zusätzlich spezielle ausgleichende Gewürzmischungen, Dips und Kräutergetränke mit ihren jeweiligen Eigenschaften zusammengestellt. Das funktioniert so:

Die „neutralen" Kochwerkstatt-Basisrezepte (ab S. 94) kochst du einfach nach Anleitung und fügst je nach dem Ergebnis deines Dosha-Tests zusätzlich die jeweils passenden Elemente für den Vata-, Pitta- oder Kapha-Ausgleich hinzu. Du würzt also das Gericht zusätzlich und sorgst mit dieser zusätzlichen Mischung in individuell beliebiger Menge für die nötige Balance.

Gerade die Gewürzmischungen stehen bei uns immer fix und fertig auf dem Tisch, was den enormen Vorteil hat, dass unsere

Gäste – die ja oft unterschiedliche Abweichungen haben – diese nach individuellem Bedarf und Bedürfnis ergänzend hinzufügen können. Für die Dips kannst du es genauso machen: Ersetze entweder den Vorschlag im Rezept durch den ausgleichenden Dip oder füge einen zusätzlichen ausgleichenden Dip hinzu.

Die Idee der Gerichte für alle und des Ausgleichs durch die Gewürze und Dips hat auch zu Hause den enormen Vorteil, dass du stets die jeweils passende Ergänzung parat hast und keine separaten Kochtöpfe brauchst.

Die Idee der Gerichte für alle und des Ausgleichs durch die Gewürze und Dips hat den enormen Vorteil, dass du stets die passende Ergänzung parat hast.

GEWÜRZMISCHUNGEN ZUM AUSGLEICH

Zutaten

1 EL schwarze Pfefferkörner
1 EL Fenchelsamen
1 EL Koriandersamen
½ TL Kardamomsamen
2 getrocknete Chilischoten
1 EL gemahlener Ingwer
1 EL getrocknetes Basilikum
1 EL getrockneter Majoran
1 EL getrockneter Thymian

Gewürzmischung bei Kapha-Überschuss

scharf, aktivierend, wärmend
vegan, glutenfrei

Zubereitung

Pfefferkörner, Fenchelsamen, Koriandersamen und Kardamomsamen unter Rühren 3 Minuten bei mittlerer Hitze in einer Pfanne ohne Fett anrösten, zusammen mit den Chilischoten anschließend in einem Mörser fein zerstoßen oder einer Kaffeemühle fein mahlen und mit den restlichen Gewürzen mischen.

In einem luftdichten Behälter behält die Mischung länger ihre Frische.

Gewürzmischung bei Pitta-Überschuss

bitter, leicht süß, kühlend

vegan, glutenfrei

Zutaten

1 EL Anissamen
1 EL Kreuzkümmelsamen
1 EL Fenchelsamen
1 EL Koriandersamen
1 EL gemahlener Kurkuma
1 EL Paprikapulver, edelsüß
1 TL Ingwerpulver
1 EL getrocknete Petersilie
1 EL getrockneter Estragon

Zubereitung

Anissamen, Kreuzkümmelsamen, Fenchelsamen, Koriandersamen unter Rühren 3 Minuten bei mittlerer Hitze in einer Pfanne anrösten, anschließend in einem Mörser fein zerstoßen oder einer Kaffeemühle fein mahlen und mit den restlichen Gewürzen mischen.

In einem luftdichten Behälter behält die Mischung länger ihre Frische.

Gewürzmischung bei Vata-Überschuss

wärmend, erdend, leicht süß

vegan, glutenfrei

Zutaten

3 Sternanis
1 EL Kreuzkümmelsamen
1 EL Fenchelsamen
1 EL Ingwerpulver
1 EL Zimt
1 EL getrockneter Dill
1 EL getrockneter Majoran
1 EL Paprikapulver, edelsüß
1 TL Salz

Zubereitung

Sternanis, Kreuzkümmelsamen und Fenchelsamen unter Rühren 3 Minuten bei mittlerer Hitze in einer Pfanne anrösten, anschließend in einem Mörser fein zerstoßen oder in einer Kaffeemühle fein mahlen und mit den restlichen Gewürzen mischen.

In einem luftdichten Behälter behält die Mischung länger ihre Frische.

Tri-Dosha-Gewürzmischung

süß, scharf, bitter, ausgleichend
vegan, glutenfrei

Die Tri-Dosha-Mischung wirkt ausgleichend auf alle drei Dosha-Typen.

Zutaten

3 EL Kokosflocken
1 EL rosa Pfefferbeeren
1 EL Kreuzkümmelsamen
1 EL Koriandersamen
1 EL gelbe Senfkörner
1 EL Fenchelsamen
1 EL gemahlener Kurkuma
1 EL Paprikapulver, scharf
1 TL Salz

Zubereitung

Kokosflocken, Pfefferbeeren, Kreuzkümmelsamen, Koriandersamen, Senfkörner und Fenchelsamen unter Rühren 3 Minuten bei mittlerer Hitze in einer Pfanne anrösten, anschließend in einem Mörser fein zerstoßen oder einer Kaffeemühle fein mahlen und mit den restlichen Gewürzen mischen.

In einem luftdichten Behälter behält die Mischung länger ihre Frische.

Garam Masala

würzig, wärmend, leicht bitter
vegan, glutenfrei

Garam Masala ist der Klassiker im Ayurveda. Es bedeutet so viele wie „scharfe Mischung". Jeder Haushalt hat im Prinzip seine eigene Mischung.

Zutaten

2 EL Anissamen
2 EL Kreuzkümmelsamen
1 EL Fenchelsamen
1 TL Kardamomsamen
1 EL Koriandersamen
2 TL schwarze Pfefferkörner
3 Nelken
2 getrocknete Lorbeerblätter
1 TL Zimt
½ TL gemahlener Muskat

Zubereitung

Anissamen, Kreuzkümmelsamen, Fenchelsamen, Kardamomsamen, Koriandersamen, Pfefferkörner, Nelken und Lorbeerblätter unter Rühren 3 Minuten bei mittlerer Hitze in einer Pfanne anrösten, anschließend in einem Mörser fein zerstoßen oder in einer Kaffeemühle fein mahlen und mit den restlichen Gewürzen mischen.

In einem luftdichten Behälter behält die Mischung länger ihre Frische.

Diese Paste ist eine Gewürzmischung, die vor allem bei Vata- und Kapha-Überschuss passt.

Volkers Spezial-Thaicurrypaste

scharf, säuerlich, aktivierend

vegan, glutenfrei

Zutaten

1 rote Zwiebel
2 rote Chilischoten
1 orangene oder rote Paprika
2 Stangen Zitronengras
80 ml geröstetes Sesamöl + 3 EL zum Anbraten
2 EL frisch gehackter Ingwer
1 EL gehackter frischer Kurkuma
3 EL Kokosflocken
1 großer Bund Petersilie
Schale und Saft von 1 Zitrone
½ TL Salz
1 EL dunkler Rohrzucker

Zubereitung

1 Die Zwiebel abziehen und grob würfeln, die Chilis mit Kernen fein hacken, die Paprika so gut wie möglich mit einem Sparschäler schälen (macht sie bekömmlicher), die Kerne entfernen und in Würfel schneiden. Das Zitronengras fein hacken.

2 3 EL Sesamöl in einer Pfanne erhitzen, Ingwer, Kurkuma, Kokosflocken, Zwiebel, Chili und Paprika 3–4 Minuten glasig dünsten. Die Petersilie grob hacken und kurz vor Schluss für 30 Sekunden dazugeben.

3 Alles zusammen mit den restlichen Zutaten in ein hohes Gefäß geben und in ca. 30–45 Sekunden zu einer cremigen Masse mixen.

In einem Glas verschlossen hält sich die Paste mehrere Wochen im Kühlschrank.

DIPS ZUM AUSGLEICH

Dips sind eine sehr gute Möglichkeit, um deiner Mahlzeit eine individuelle ausgleichende Note zu geben. Je nach dem Ergebnis deines Dosha-Tests kannst du wie auf S. 78 erklärt den passenden Dip einsetzen. Alternativ kannst du mit den jeweiligen Dips aber auch auf die Eigenschaften einwirken und diese entsprechend verstärken.

Süß-scharfer Birnen-Dip bei Vata-Überschuss

verstärkt die Eigenschaften warm, stabil, schwer, ölig

Zutaten

2 Birnen
2 EL Ghee
1 EL frisch gehackter Ingwer
1 EL Rohrzucker
Saft von 1 Zitrone
100 ml Wasser
1 EL gehackte Chilischote
½ TL Salz

Zubereitung

1 Die Birnen entkernen und in kleine Würfel schneiden. Das Ghee in einer Pfanne erhitzen, den Ingwer unter Zugabe des Zuckers 2 Minuten karamellisieren lassen.

2 Alle weiteren Zutaten zugeben und 15 Minuten bei leicht geöffnetem Deckel einköcheln lassen. Zum Schluss in ein hohes Gefäß geben und leicht anpürieren.

Grüne-Soße-Dip bei Pitta-Überschuss

verstärkt die Eigenschaften kalt, schwer, ölig, weich

Zutaten

1 Bund Frankfurter Kräuter
1 EL Ghee
2 TL Fenchelsamen
2 TL Anissamen
1 TL gehackter frischer Ingwer
500 g Naturjoghurt, 10 % Fett
abgeriebene Schale von 1 Zitrone
Salz

Zubereitung

1 Die Kräuter fein hacken. Das Ghee in einer Pfanne erhitzen, Fenchel, Anis und Ingwer zugeben. 3 Minuten anschwitzen und auskühlen lassen.

2 Alle Zutaten in einer Schüssel gut miteinander vermischen mit etwas Salz abschmecken.

Scharfer Paprika-Dip bei Kapha-Überschuss

verstärkt die Eigenschaften warm, leicht, trocken, beweglich

Zutaten

2 grüne Paprika
1 rote Zwiebel
1 Scheibe Vollkorntoast
2 grüne Chilis
2 EL Mandelplättchen
Schale und Saft von 1 Zitrone
1 Bund Petersilie
½ TL Meersalz
1 EL Honig
80 ml Olivenöl + 3 EL zum Anbraten

Zubereitung

1 Die Paprika so gut wie möglich mit einem Sparschäler schälen (macht sie bekömmlicher), die Kerne entfernen und in Würfel schneiden. Die Zwiebel abziehen und würfeln.

2 Den Toast würfeln. Etwas Öl in einer Pfanne erhitzen, Paprika, Zwiebeln, Chili, Mandeln, Toast zugeben und 3 Minuten anbraten. Die Petersilie grob hacken.

3 Den Pfanneninhalt zusammen mit Zitronensaft und -schale, Petersilie, Meersalz und Honig sowie dem Öl in ein hohes Gefäß geben und cremig pürieren.

KRÄUTERGETRÄNKE ZUM AUSGLEICH

Im Ayurveda werden häufig traditionelle Kräutergetränke, Arishta und Asava, zum Ausgleich eingesetzt. Diese werden nach der klassischen Rezeptur fermentiert, sodass bei der natürlichen Selbstgärung je nach Sorte bis zu 11,5 Vol.-% Alkohol entsteht.

Beim Aristha werden die Kräuter heiß gekocht, beim Asava wird ein kalter Auszug hergestellt. Wir sind große Fans von Kräuterauszügen, die wir der Einfachheit halber – und unter Berücksichtigung der Tatsache, dass nicht jeder tagsüber gern alkoholische Getränke zu sich nimmt – mit Fruchtsäften wie schwarzem Johannisbeersaft, der viele wertvolle Vitamine und Antioxidantien enthält, kochen. Das hat zudem den Vorteil, dass die Wirkstoffe durch den enthaltenen Fruchtzucker sehr schnell ins Blut übergehen.

Je nach Testergebnis empfehlen wir dir, das passende Kräutergetränk (0,1 l) jeweils vor der Hauptmahlzeit zur Unterstützung zu trinken.

Die Arishtas sind verschlossen im Kühlschrank mindestens zwei Wochen haltbar.

Kräuter-Arishta bei Vata-Überschuss

verstärkt die Eigenschaften warm, stabil, schwer

Zutaten

1 l schwarzer Johannisbeersaft
2 Kurkumaknollen (20–30 g)
2 Ingwerknollen (20–30 g)
1 TL Pfefferkörner
6 Sternanis
1 TL Fenchelsamen
1 TL Kreuzkümmelsamen
8 Kardamomkapseln
1 Bund Minze
1 Zitrone in Scheiben

Zubereitung

Alle Zutaten in einen Topf geben, aufkochen lassen, 30 Minuten ziehen lassen und abseihen.

Dieser Arishta kann auch bei Verdauungsproblemen 3 x täglich (100 ml) warm getrunken werden.

Kräuter-Arishta bei Pitta-Überschuss

verstärkt die Eigenschaften kalt, schwer, weich

Zutaten

1 l schwarzer Johannisbeersaft
2 Kurkumaknollen (20–30 g)
1 EL Schwedenkräutermischung
1 EL Holunderblüten
8 Kardamomkapseln
1 Bund Salbei
1 Zitrone in Scheiben

Zubereitung

Alle Zutaten in einen Topf geben, aufkochen lassen, 30 Minuten ziehen lassen und abseihen.

Dieser Arishta kann bei Fieber und Entzündungen 3 x täglich (100 ml) gekühlt getrunken werden.

Zutaten

1 l schwarzer Johannisbeersaft
2 Kurkumaknollen (20–30 g)
2 Ingwerknollen (20–30 g)
1 grüne Chili
2 TL Pfefferkörner
1 Bund Salbei
1 Bund Thymian
3 Zweige Rosmarin
1 TL Anissamen
10 Kardamomkapseln
2 Zimtstangen
1 Zitrone in Scheiben

Kräuter-Arishta bei Kapha-Überschuss

verstärkt die Eigenschaften warm, leicht, austrocknend, beweglich

Zubereitung

Die Chili grob hacken. Alle Zutaten in einen Topf geben, aufkochen lassen, 30 Minuten ziehen lassen und abseihen.

Dieser Arishta kann bei Erkältungen und Verschleimung 3 x täglich (100 ml) warm getrunken werden.

UNSERE BASIC-REZEPTE

FRÜHSTÜCK

Frühstücksgewürzmischung

Für 2 Personen
Zubereitungszeit: 2 Minuten

Zutaten
½ TL Kurkuma
1 TL Zimt
½ TL gemahlener Ingwer
¼ TL gemahlener Kardamom
1 Prise Pfeffer

Zubereitung

Alle Zutaten miteinander vermengen; ggf. eine größere Menge als Vorrat anlegen.

Tipp
Die Frühstücksgewürzmischung wirkt zur Frühstückszeit generell harmonisierend und ausgleichend und aktiviert den Stoffwechsel am Morgen. Es passt besonders gut zum süßen Kitchari (S. 98) und zum Zwieback-Porridge (S. 100).

Grießbrei mit Kokos, Kurkuma und Aprikosen

Für 2 Personen
Zubereitungszeit: 20 Minuten

Zutaten
4 frische Aprikosen
½ EL Zucker
1 EL gehackter frischer Ingwer
½ TL Zimt
¼ TL gemahlener Kardamom
½ TL gemahlener Kurkuma
2 EL Kokosflocken
1 Prise Salz
1 EL Rohrzucker
1 Tasse Grieß (Hart- oder Weichweizen)
1 Tasse Kokosmilch

Zubereitung

1 Die Aprikosen klein schneiden und mit 2 EL Wasser in einem Topf zum Kochen bringen. Zucker hinzufügen und 5 Minuten köcheln lassen. Ingwer, Gewürze, Salz, Zucker, und Grieß gut miteinander vermengen.

2 Die Gewürze mischen. 1 Tasse Wasser und die Kokosmilch in einen Topf geben und unter Rühren erhitzen. Sobald sie zu kochen beginnt, die Gewürz-Grieß-Mischung unter ständigem Rühren einrieseln lassen. Von der Herdplatte nehmen, leicht abkühlen lassen. Den Grieß mit Aprikosen anrichten.

Porridge aus Perlgraupen

Für 2 Personen
Zubereitungszeit: 20 Minuten

Zutaten

80 g Perlgraupen
500 ml Pflanzendrink
½ TL Zimt
½ TL Kardamom
1 Prise Salz
abgeriebene Schale von 1 Zitrone
Honig

Zubereitung

Die Perlgraupen im Pflanzendrink ca. 30 Minuten auf mittlerer Hitze weich köcheln. Immer wieder umrühren, damit nichts anbrennt. Die Gewürze und den Zitronenabrieb dazugeben und alles gut verrühren. Leicht abkühlen lassen und nach Belieben mit Honig süßen.

Ist die Flüssigkeit fast eingekocht und sind die Perlgraupen noch nicht weich genug, einfach noch mal einen kleinen Schuss Pflanzendrink dazugeben und wenige Minuten weiterköcheln lassen.
Den Porridge kannst du auch mit Dinkel zubereiten.
Lecker dazu: Kompott aus Karotte, Passionsfrucht, Basilikum (Rezept gleich unten).

Kompott aus Karotte, Passionsfrucht, Basilikum

Für 2 Personen
Zubereitungszeit: 20 Minuten

Zutaten

1 Karotte
2 Passionsfrüchte
1 Schuss Apfelsaft
½ EL Rohrzucker
10 Basilikumblätter

Zubereitung

1 Die Karotte schälen und raspeln. Die Passionsfrucht aufschneiden und das Fruchtfleisch mit einem kleinen Löffel herausschöpfen.

2 Das Fruchtfleisch und die Kerne der Passionsfrucht zusammen mit den Karottenraspeln, dem Apfelsaft und dem Zucker in einen Topf geben und auf kleiner bis mittlerer Flamme erhitzen, damit die Soße leicht köchelt, aber nicht kocht. 10–12 Minuten köcheln lassen, dabei häufig umrühren, damit die Soße eindickt.

3 Vom Herd nehmen und etwas abkühlen lassen. Das Graupen-Porridge auf Schalen verteilen, das Kompott darauf verteilen und mit Basilikumblättern garnieren.

Um die Kerne zu entfernen, kannst du die Passionsfruchtsoße durch ein feinmaschiges Sieb streichen.

Für 2 Personen
Zubereitungszeit: 30 Minuten

Zutaten

½ Tasse Hirse
1 Zimtstange
¼ TL Salz
⅔ Tasse geschälte rote Linsen
½ Tasse geriebene Karotten
4 getrocknete Datteln
2 EL Cashewkerne
1 TL Frühstücksgewürz (S. 94)
1 EL Kokosnussraspeln
2 TL Ghee
2–4 TL Honig oder Ahornsirup
Zimt und Kokosraspeln zum Garnieren

Süßes Kitchari

Zubereitung

1 3 Tassen Wasser in einem mittelgroßen Kochtopf zum Kochen bringen. Sobald es kocht, die Hitze auf niedrige bis mittlere Stufe reduzieren. Hirse, Zimtstange und Salz einrühren. Die Pfanne abdecken, dabei einen kleinen Spalt offenlassen, um ein Überlaufen zu vermeiden, und 10 Minuten kochen lassen, nach der Hälfte der Zeit umrühren.

2 Die Linsen und die geriebenen Karotten hinzugeben. Gut umrühren und den Deckel wieder aufsetzen, weitere 15 Minuten kochen und alle 5 Minuten umrühren. Datteln und Cashewkerne grob hacken.

3 Die Hitze auf niedrige Stufe reduzieren und das Frühstücksgewürz, die gehackten Datteln, die Cashewkerne, Kokosraspeln und das Ghee hinzugeben. Die Hitze ausschalten, aber die Pfanne auf dem heißen Herd lassen.

4 Vollständig abdecken und weitere 5 Minuten stehenlassen. Auf zwei Schalen verteilen. Sobald das Kitchari etwas abgekühlt ist, 1–2 TL Honig pro Schüssel hinzugeben und mit Zimt und Kokosraspeln bestreuen.

Für 2 Personen
Zubereitungszeit: 15 Minuten

Zutaten

1 EL Ghee
1 TL gehackter frischer Ingwer
6 Scheiben Zwieback
1 TL Frühstücksgewürz (S. 94)
120 ml Pflanzendrink
2 Äpfel
1 Banane
Saft von 1 Zitrone
2 EL Naturjoghurt, 10 % Fett

Zwieback-Porridge mit Apfel, Banane und Joghurt

Zubereitung

1 Das Ghee in einem kleinen Topf erhitzen, den Ingwer 2 Minuten andünsten. Den Zwieback in Stücke brechen und mit dem Frühstücksgewürz in den Topf geben und 30 Sekunden lang verrühren. Den Pflanzendrink zugeben und den Topf vom Herd nehmen.

2 Die Äpfel reiben, die Bananen in Scheiben schneiden und mit dem Zitronensaft mischen. Das Obst mit dem Porridge und je 1 EL Joghurt anrichten.

Süße Frühstückswaffeln

Für 4 Personen
Zubereitungszeit: 25 Minuten

Zutaten

200 g feine Haferflocken
½ TL Natron
2 EL Dinkelmehl
1 Ei
200 g Apfelmus
350 ml Pflanzenmilch
½ TL Zimt
¼ TL Kardamom
1 Prise Salz
Außerdem
Waffeleisen
Öl zum Einfetten

Zubereitung

Alle Zutaten in einen großen Messbecher geben und mit einem Pürierstab zu einem cremigen Teig mixen. Das Waffeleisen gut vorheizen und einfetten. Die Waffeln bei mittlerer Hitze ca. 4–5 Minuten nicht zu heiß backen.

Für 4 Personen
Zubereitungszeit: 25 Minuten

Zutaten

200 g feine Haferflocken
2 EL Dinkelmehl
½ TL Natron
1 Ei
350 ml Gemüsebrühe
1 EL Garam Masala (S. 104) oder Tri-Dosha-Gewürzmischung (S. 104)
1 TL Salz
1 Prise Zucker
1 Zucchini
1 Karotte
Saft von ½ Zitrone

Außerdem

Waffeleisen
Öl zum Einfetten

Herzhafte Frühstückswaffeln

Zubereitung

1 Haferflocken, Dinkelmehl, Natron, Brühe, Ei und Gewürze in einen großen Messbecher geben und mit einem Pürierstab zu einem cremigen Teig mixen. Das Gemüse klein schneiden, Zitronensaft zugeben und mit einem Kochlöffel unterrühren.

2 Das Waffeleisen gut vorheizen und einfetten. Die Waffeln bei mittlerer Hitze ca. 4–5 Minuten nicht zu heiß backen.

Kurkuma-Birnen-Porridge

Für 2 Personen
Zubereitungszeit: 20 Minuten

Zutaten

150 g Dinkelflocken
300 ml Pflanzenmilch oder Wasser
2 Birnen
1 EL Ghee
2 TL gehackter frischer Ingwer
½ TL gemahlener Kurkuma
½ TL gemahlener Kardamom
1 Prise Salz
4 TL Naturjoghurt, 10 % Fett
Minze und Nüsse oder Granola (S. 109) zum Garnieren
1 EL Honig

Zubereitung

1 Die Flocken in der Flüssigkeit ca. 5 Minuten kochen und ausquellen lassen. Die Birnen entkernen und in Würfel schneiden.

2 Das Ghee in einer Pfanne erhitzen. Birnen, Ingwer, Kurkuma, Kardamom und Salz zugeben und 5 Minuten andünsten.

3 Den Porridge in Schalen verteilen, Birnen, Joghurt, evtl. Minze und Nüsse darauf verteilen und mit etwas Honig beträufeln.

Buchweizen-Porridge mit Pflaumen und Zimt

Für 2 Personen
Zubereitungszeit: 20 Minuten

Zutaten

100 g Buchweizen
4 Trockenpflaumen
1 EL Ghee
2 TL gehackter frischer Ingwer
1 TL Zimt
½ TL gemahlener Kardamom
100 ml Pflanzendrink
1 EL Honig
1 EL Ghee
4 TL Naturjoghurt, 10 % Fett
Minze und Nüsse oder Granola zum Garnieren

Zubereitung

1 Den Buchweizen in 400 ml leicht gesalzenem Wasser ca.15–20 Minuten kochen und ausquellen lassen. Die Pflaumen in Streifen schneiden.

2 Ghee in einer Pfanne erhitzen, Ingwer, Pflaumen, Zimt, Kardamom zugeben und 3 Minuten andünsten.

3 Buchweizen und den Pflanzendrink zugeben. Warm rühren, in die Schüsseln geben und Joghurt sowie Nüsse und Minze darauf verteilen.

Granola aus Dinkel oder Hafer

Für 8–10 Portionen
Zubereitungszeit: 75 Minuten

Zutaten

50 ml Reis-, Ahorn- oder Dattelsirup
Saft von ½ Orange
250 g Dinkel- oder Haferflocken
50 g Leinsamen
100 g Sonnenblumenkerne
250 g Nussmix nach Wahl
100 g getrocknete Datteln oder Aprikosen
80 g gelbe Rosinen oder Cranberrys
2 Zimtstangen
3 Sternanis
2 EL flüssiges Kokosfett
1 Prise Salz

Zubereitung

1 Den Ofen auf 130 °C Grad vorheizen. Sirup und Orangensaft gut mit einem Schneebesen verrühren. Datteln oder Aprikosen in Streifen schneiden. Alle trockenen Zutaten gut mischen, die Flüssigkeiten zugeben und mit einem Kochlöffel oder den Händen gut mischen.

2 Mit den Zimtstangen und dem Sternanis auf ein Backblech verteilen und ca. 1 Stunde in den Ofen geben, bis das Getreide leicht braun wird. Zwischendurch zwei- bis dreimal mischen, damit nichts anbrennt.

3 Das Granola abkühlen lassen und in ein luftdichtes Gefäß geben.

GERICHTE FÜR MITTAG UND ABEND

Dal

Dal bedeutet in Prinzip nichts anderes als Hülsenfrucht und ist damit ein Oberbegriff für sämtliche Rezepte mit Hülsenfrüchten.

Grundsätzlich gibt es für die Zubereitung des perfekten Dals eine ganz wichtige Zutat: Zeit. Denn es gibt Hülsenfrüchte, die in Wasser gekocht sind, und es gibt Dal. Was einen schönen Dal ausmacht, ist sein angenehm nussiger Geruch und seine wunderbar cremige Textur, die vor allem dann entsteht, wenn der Dal lange genug kocht. Wir haben uns ganz bewusst für diese Rezepte entschieden, die gerade nicht in Turbogeschwindigkeit auf dem Teller landen. Ganz vieles im Leben braucht Zeit, um zu reifen und sich zu entwickeln. Das gilt für die eigene Persönlichkeit genauso wie für Beziehungen, gutes Brot und eben Dal. In Zeiten der maximalen Beschleunigung ist so ein Dal eine sehr schöne und noch dazu gesunde Entschleunigungsmaßnahme.

Jede indische Hausfrau hat ihr eigenes Dal-Rezept und auch ihre eigene Dal-Gewürzmischung, von daher gibt es *den* Dal nicht wirklich. Wir präsentieren euch hier unsere Lieblings-Dal-Rezepte, die wir seit Jahren kochen und stetig weiterentwickeln.

Volker verwendet am liebsten den gelben Mung-Dal. Das sind die beiden gelben Hälften der Mungbohne, bei der die äußere grüne Schale entfernt wurde. Sie ist sehr gut verdaulich und hat ein schönes nussiges Aroma. Du kannst aber auch normale rote und gelbe Linsen nehmen, die es in jedem Supermarkt zu kaufen gibt.

Grundsätzlich sind Hülsenfrüchte eine hervorragende Eiweißquelle. Sie enthalten wertvolle Ballaststoffe, gute Kohlehydrate und fast kein Fett. Zusätzlich finden sich in ihnen reichlich Eisen, Phosphor, Magnesium und Zink.

Zu Beginn werden die Linsen mehrfach mit kaltem Wasser gewaschen, bis das Wasser klar ist. Du musst den Mung-Dal nicht unbedingt vorher einweichen. Wenn du die Zeit hast, ist es eine Empfehlung, da sich dadurch die Kochzeit etwas verkürzt, aber kein Muss.

Volkers 3 Dal-Geheimnisse

- Die Linsen in reichlich Wasser ohne Deckel kochen. Da der Dal längere Zeit vor sich hin köchelt, bis er die perfekte Textur hat, braucht es ordentlich Wasser, bis eine cremige Konsistenz entsteht: im Schnitt die 5- bis 8-fache Menge im Verhältnis zu den Hülsenfrüchten.
- Verdauungsfördernde Gewürze bereits ins Kochwasser geben.
- Die finale Gewürzmischung erst kurz vor Schluss zugeben.

Um es dir so einfach wie möglich zu machen, sind die Kochmethode mit den beigefügten Gewürzen und die Dal-Gewürzmischung bei allen Dal-Rezepten fast gleich. Der einzige Unterschied ist eine unterschiedliche Kochzeit in Abhängigkeit der verwendeten Hülsenfrüchte.

Basis-Dal

Für 2 Personen
Zubereitungszeit: 60 Minuten

Zutaten

120 g Mung-Dal
1 grüne Chili
4 Lorbeerblätter
1 TL Fenchelsamen
½ TL gemahlener Kurkuma
1 Zimtstange
2 Kardamomkapseln
6 Scheiben Ingwer
2 Sternanis
1 EL Salz

Außerdem

1 loser Teebeutel

Zubereitung

1 Mung-Dal gut waschen, bis das Wasser klar ist. Die Chili grob schneiden. In einem großen Topf mit 800 ml Wasser und Chilistücken, Lorbeer, Fenchelsamen, Kurkuma und Zimtstange aufsetzen.

2 Kardamomkapseln mit einem Mörser anstoßen und zusammen mit Ingwerscheiben und Sternanis in einen Teebeutel geben (um die Gewürze später leicht wieder aus dem Topf fischen zu können) und ebenfalls in den Topf geben.

3 Alles aufkochen, Salz zugeben und offen so lange köcheln lassen, bis nach ca. 40–50 Minuten eine breiige, cremige Textur entsteht, ggf. Wasser nachgießen. Zum Schluss den Teebeutel, Lorbeerblätter und Chilistücke entfernen.

Dal mit Kichererbsen und Kartoffeln

Für 2 Personen
Zubereitungszeit: 45 Minuten

Zutaten

300 g überwiegend festkochende Kartoffeln
1 rote Chili
1 rote Zwiebel
1 EL frisch gehackter Ingwer
1 TL Kreuzkümmelsamen
1 TL Koriandersamen
1 TL Anissamen
1 Prise Salz
3–4 EL Ghee
200 g Kichererbsen aus dem Glas (Abtropfgewicht)
1–2 EL Tomatenmark
400 g passierte Tomaten
100 ml Sahne
1–2 EL getrockneter Bockshornklee oder Bohnenkraut
1–2 EL Zitronensaft
Salz

Zubereitung

1 Die Kartoffeln schälen und in kleine Würfel schneiden (1 x 1 cm). Die Chili mit Kernen fein hacken. Die Zwiebel abziehen und fein würfeln. Kreuzkümmel-, Koriander- und Anissamen zusammen mit dem Salz, das als Mahlstein dient, im Mörser kräftig zu einem groben Pulver zerstoßen.

2 Ghee in einer kleinen Pfanne erhitzen, Zwiebel, Ingwer, Chili Kartoffeln, Kichererbsen 3 Minuten glasig andünsten. Die Gewürzmischung, das Tomatenmark, 200 ml Wasser und die passierten Tomaten zugeben, gut verrühren und abgedeckt 25 Minuten köcheln lassen. Die Kartoffeln dürfen noch Biss haben.

3 Die Sahne und den Bockshornklee unter den Dal rühren und mit Zitronensaft und Salz abschmecken.

Dal Makhani

Für 2 Personen
Zubereitungszeit: 75 Minuten

Zutaten

Schritt 1: Linsenbasis
120 g Belugalinsen
4 Lorbeerblätter
1 TL Fenchelsamen
½ TL gemahlener Kurkuma
1 Zimtstange
1 grüne Chili
2 Kardamomkapseln
2 Sternanis
6 Scheiben Ingwer
1 EL Salz

Schritt 2: Für das fertige Dal
2 rote Zwiebeln
1 TL Kreuzkümmel
1 TL Koriandersamen
1 TL Anissamen
2 EL Ghee
1 EL frisch gehackter Ingwer
2 EL Tomatenmark
200 g passierte Tomaten
100 ml Sahne
40 g Butter
1 EL Bockshornklee
2 EL Zitronensaft
Salz

Außerdem
1 loser Teebeutel

Zubereitung

1 Die Linsen unter klarem Wasser abspülen und in einem großen Topf mit 800–1000 ml Wasser und Lorbeer, Fenchelsamen, Kurkuma und Zimtstange aufsetzen. Die Chili grob schneiden.

2 Kardamomkapseln einem Mörser anstoßen und mit Sternanis und Ingwerscheiben in einen Teebeutel geben (um die Gewürze später leicht wieder auf dem Topf fischen zu können). Ebenfalls in den Topf geben.

3 Alles aufkochen, Salz zugeben und offen so lange köcheln lassen, bis nach ca. 40–50 Minuten eine breiige, cremige Textur entsteht, ggf. Wasser nachgießen. Zum Schluss den Teebeutel, Lorbeerblätter und Chilistücke entfernen.

4 Die Zwiebeln abziehen und fein würfeln. Kreuzkümmel, Koriander- und Anissamen zusammen mit dem Salz, das als Mahlstein dient, im Mörser kräftig zu einem groben Pulver zerstoßen.

5 Ghee in einer kleinen Pfanne erhitzen, Zwiebeln und Ingwer 3 Minuten glasig andünsten, die gemörserten Gewürze, Tomatenmark und passierte Tomaten zugeben und kräftig für weitere 30 Sekunden verrühren. Zum Schluss den Pfanneninhalt mit Sahne, Butter und Bockshornklee unter den Dal rühren und mit Zitronensaft und Salz abschmecken.

Auf Hindi bedeutet makkhan Butter. Das heißt nicht unbedingt, pfundweise Butter zuzugeben (wobei die indische Küche da ziemlich entspannt ist), sondern gemeint ist in erster Linie die cremige Textur, die der Dal haben sollte. Traditionell werden schwarze Linsen verwendet, die im Vergleich zu Mung-Dal eine längere Kochzeit haben. Deshalb ist hier unsere Empfehlung, die Linsen mindestens eine Stunde im heißen Wasser einzuweichen.

Für 2 Personen
Zubereitungszeit: 45 Minuten

Zutaten

2 Schalotten
120 g rote Linsen
400 g Süßkartoffeln
1 Fenchelknolle
4 EL Ghee
1 EL gehackter frischer Ingwer
2 TL Currypulver, scharf
1 TL Currypaste
400 ml Gemüsebrühe
400 ml Kokosmilch
Salz und Pfeffer
2 EL Zitronensaft

Dal mit Fenchel, Süßkartoffel und Kokos

Zubereitung

1 Die Schalotten grob würfeln, die Linsen gut abspülen. Die Süßkartoffeln schälen und in mundgerechte Stücke schneiden, den Fenchel in Streifen schneiden.

2 Ghee in einem Topf erhitzen. Schalotten, Ingwer, Currypulver, Currypaste, Süßkartoffeln, Fenchel und Linsen darin ca. 3 Minuten glasig dünsten.

3 Gemüsebrühe und Kokosmilch dazugeben und alles abgedeckt unter gelegentlichem Rühren etwa 30 Minuten köcheln lassen. Kurz vor Schluss mit Salz, Pfeffer und Zitronensaft abschmecken.

Wenn es mit der Zubereitung doch mal schneller gehen muss, ist dieses Dal die passende Variante. Als Topping passen Joghurt und/oder gehackte frische Kräuter nach Wahl.
Als Currypaste kannst du entweder Volkers Variante wählen (S. 84) oder eine andere deiner Wahl.

Kumpir mit Süßkartoffeln und Kichererbsen

Für 2 Personen
Zubereitungszeit: 60 Minuten

Zutaten

2 große Süßkartoffeln
1 kleine Salatgurke
1 rote Zwiebel
1 grüne Chili
1 Karotte
1 Bund Petersilie oder Koriander
2 EL Ghee
1 TL Fenchelsamen
200 g Kichererbsen aus dem Glas (Abtropfgewicht)
1 EL Granatapfelsirup
1 EL Tahin (Sesampaste)
abgeriebene Schale und Saft von 1 Zitrone
1 TL Honig
60 ml warme Gemüsebrühe
Salz und Pfeffer
150 g Feta
1 EL geröstete Sesamsamen
1 Schälchen Kresse

Zubereitung

1 Den Ofen auf 180 °C Umluft vorheizen. Die Süßkartoffeln auf ein Blech geben und ca. 45–50 Minuten backen, bis sie weich sind.

2 Die Gurke halbieren, entkernen und in Würfel schneiden. Die Zwiebel abziehen und würfeln, die Chili fein hacken. Die Karotte schälen und grob raspeln, Petersilie oder Koriander grob hacken. Ghee in einer Pfanne erhitzen, Fenchelsamen zugeben und 30 Sekunden auf mittlerer Hitze anrösten. Gurke, Chili, Karotte, Zwiebel und Kichererbsen zugeben und 3 Minuten anschwitzen.

3 Granatapfelsirup, Tahin, Zitronenschale und -saft, Honig und Gemüsebrühe mit einem Schneebesen cremig verrühren mit Salz und Pfeffer abschmecken. In einer Schüssel den Pfanneninhalt mit dem Tahindressing und Petersilie oder Koriander mischen.

4 Die Kartoffeln aus dem Ofen nehmen und in der Mitte aufbrechen. Das Gemüse daraufgeben, den Feta darüberbröckeln und mit Sesam und Kresse bestreuen.

Das Kumpir vereint ganz wunderbar alle sechs Geschmäcker und ist eine schöne Alternative zur üblichen Ofenkartoffel.

Für 2 Personen
Zubereitungszeit: 50 Minuten

Zutaten

Risotto
1 rote Zwiebel
1 grüne Chili
2 EL Ghee
150 g Risottoreis
800 ml heiße Gemüsebrühe
100 ml trockener Weißwein
50 g frische Kräuter (Dill, Petersilie, Schnittlauch)
⅓ TL gemahlener Muskat
abgeriebene Schale von 1 Zitrone

Paneer
1 l Milch, 3,5 % Fett
Saft von 1 Zitrone
Öl zum Braten
Salz und Pfeffer

Risotto mit Wildkräutern und Paneer

Zubereitung

1 Die Zwiebel in Würfel schneiden, die Chili fein hacken. Das Ghee in einem Topf erhitzen, Zwiebel, Chili und Reis zugeben und 3 Minuten glasig dünsten. Nach und nach unter Rühren Brühe und Weißwein zugießen, bis der Reis schön cremig, aber immer noch bissfest ist. Die Kräuter klein hacken. Kurz vor Schluss Kräuter, Muskat und Zitronenschale untermischen.

2 Für den Paneer die Milch zum Kochen bringen, Zitronensaft zugeben und den Topf vom Herd nehmen. Die Milch durch ein feines Tuch abgießen und die Molke auffangen. Das Tuch gut auspressen und aufhängen, damit die restliche Flüssigkeit abtropfen kann.

3 Den Paneer in etwas Öl scharf anbraten und über das Risotto geben. Mit Salz und Pfeffer abschmecken.

Aus einem Liter Milch erhält man etwa 120 g Paneer. Paneer ist eine top Proteinquelle für alle Vegetarier, die eine Alternative zu Hülsenfrüchten suchen. Außerdem kann man ihn problemlos anbraten.
Die Molke kann man wunderbar verwenden, um z. B. Reis darin zu kochen oder Gemüse damit zu garen.

BEILAGEN UND CHUTNEYS

Kräuter-Paneer

Für 2 Personen
Zubereitungszeit: 20 Minuten

Zutaten

2 l Frischmilch, 3,5 % Fett
Saft von 1 Zitrone
100 g gehackte Kräuter (Dill, Basilikum, Schnittlauch)

Zubereitung

Die Milch zum Kochen bringen, Zitronensaft und Kräuter zugeben, gut vermischen und den Topf vom Herd nehmen. Die Milch durch ein feines Tuch abgießen und die Molke auffangen (siehe Tipp auf S. 124). Das Tuch gut auspressen und aufhängen, damit die restliche Flüssigkeit abtropfen kann.

Joghurt mit Apfel und Minze

Für 2 Personen
Zubereitungszeit: 15 Minuten

Zutaten

2 süße Äpfel
2 EL Zitronensaft
1 EL Anissamen
2 EL Ghee
1 EL gehackter frischer Ingwer
50 g frische Minze
500 g Naturjoghurt, 10 % Fett
2 EL Honig
½ TL Salz

Zubereitung

Die Äpfel reiben und mit dem Zitronensaft mischen. Anissamen in einem Mörser grob anstoßen, Ghee in einer Pfanne erhitzen, Ingwer und Anissamen 2 Minuten anschwitzen. Die Minze grob hacken und alle Zutaten in einer Schüssel cremig verrühren.

Gegrillter Weißkohl mit Garam Masala und Haselnuss-Fenchel-Soße

Für 2 Personen
Zubereitungszeit: 35 Minuten

Zutaten

1 kleiner Weißkohl
3–4 EL Ghee
3 EL Garam Masala (S. 83)
2 EL Paprikapulver, scharf
1–2 EL Salz
100 g Mandeln
350 ml Pflanzendrink
1 EL Hefeflocken
1 EL zerstoßene Fenchelsamen
1 EL Zitronensaft
1 TL Salz

Zubereitung

1 Den Ofen auf 200 °C Ober-Unterhitze vorheizen. Vom Weißkohl die äußeren Blätter entfernen und den Kohl in ca. 2 cm dicke Scheiben schneiden. Von beiden Seiten mit Ghee bestreichen und mit den Gewürzen bestreuen. Die Scheiben auf ein mit Backpapier ausgelegtes Blech geben und von jeder Seite ca. 20 Minuten kross backen.

2 Für die Soße die Mandeln auf ein Blech geben und ca. 10–15 Minuten in den Ofen zum Weißkohl geben, damit sie ein schönes Röstaroma bekommen.

3 Anschließend die Nüsse in einen kleinen Topf mit Wasser geben, 15 Minuten kochen, dann abgießen. Alle Zutaten für die Soße in ein hohes Gefäß geben und zu einer cremigen Soße pürieren.

Dieses Gericht passt zu allen Gerichten, bei denen man sonst eine Sahnesoße einsetzt, also zu verschiedensten Gemüsesorten oder auch über Nudeln.

Cremige Tomaten-Sahnesoße

Für 2 Personen
Zubereitungszeit: 45 Minuten

Zutaten

3 rote Zwiebeln
2 grüne Chilischoten
4 EL Ghee
2 EL gehackter frischer Ingwer
1 TL Currypulver
1 TL Garam Masala (S. 83)
2 TL Rohrzucker
500 g stückige Tomaten
100 ml Wasser
200 ml Sahne
50 g kalte Butter
2 EL getrockneter Bockshornklee

Zubereitung

Die Zwiebeln in Würfel schneiden, die Chili grob hacken. Ghee in einem Topf erhitzen, Gewürze, Chili, Rohrzucker, Ingwer zugeben und 2 Minuten anschwitzen. Die stückigen Tomaten und 100 ml Wasser zugeben, gut umrühren und ca. 30 Minuten köcheln lassen. Butter, Bockshornklee und Sahne unterrühren, bis eine geschmeidige, cremige Soße entsteht.

Die Soße ist ein Klassiker, der häufig zu Pasta serviert wird. Sie passt auch sehr gut zu gebratenen Pilzen.

Kokos-Minze-Chutney

Für 2 Personen
Zubereitungszeit: 15 Minuten

Zutaten

1 grüne Chili
2 EL Ghee
1 EL gehackter frischer Ingwer
80 g Kokosflocken
1 großer Bund Minzblätter
3 EL Naturjoghurt, 10 % Fett
1 EL Zitronensaft
Salz

Zubereitung

Die Chili grob hacken, das Ghee in einer Pfanne erhitzen. Ingwer, Chili, Kokosflocken zugeben und 3 Minuten anschwitzen, bis die Flocken leicht anbräunen und duften. Mit den restlichen Zutaten in ein hohes Gefäß geben und zu einem cremigen Chutney pürieren. Mit Salz abschmecken.

Feigen-Tamarinden-Chutney

Für 2 Personen
Zubereitungszeit: 15 Minuten

Zutaten

150 g getrocknete Feigen
1 TL Anissamen
1 TL Kreuzkümmelsamen
2 EL Ghee
1 EL gehackter frischer Ingwer
2 EL Tamarindenpaste
Salz

Zubereitung

Die Feigen grob hacken. Anis- und Kreuzkümmelsamen in einem Mörser zerstoßen. Ghee in einer Pfanne erhitzen. Ingwer, Anis, Kreuzkümmel, Feigen zugeben und 3 Minuten anschwitzen. 100 ml Wasser zugeben, aufkochen und so lange köcheln, bis das Wasser fast verdampft ist. Alle Zutaten mit der Tamarindenpaste in ein hohes Gefäß geben und zu einem cremigen Chutney pürieren. Mit Salz abschmecken.

Das Chutney passt mit seiner wunderbaren Säure sehr gut zu erdigen Gemüsesorten wie Kartoffeln und Rote Bete.

SALATE

Für 4 Personen
Zubereitungszeit: 20 Minuten

Zutaten

Salat
4 Romana-Salatherzen
2 Karotten
1 Pomelo
1 Bund Lauchzwiebeln
30 g Kokosflocken
1 EL Kokosfett
2 TL gehackter frischer Ingwer
15 Minzblätter
Salz und Pfeffer

Dressing
1 rote Chili
2 TL Tahin (Sesampaste)
150 ml Olivenöl
1 EL Honig
Saft von 1 Orange
½ TL Salz

Lauwarmer Salat mit Pomelo, Karotten, Kokosflocken und Orangen

Zubereitung

1 Die Salatherzen grob in Streifen schneiden. Die Karotten grob raspeln, die Pomelo schälen und das Fruchtfleisch auslösen, die Lauchzwiebeln in Ringe schneiden. Die Kokosflocken in einer Pfanne ohne Fett anrösten.

2 Das Kokosfett in einer Pfanne erhitzen, den Ingwer glasig andünsten. Die Karotten und Lauchzwiebeln zugeben und 3 Minuten anschwitzen, dann den Salat und die gezupften Minzblätter zugeben, mischen, salzen und pfeffern.

3 Für das Dressing die Chili entkernen und grob hacken. Tahin, Öl, Honig, Orangensaft, Chili und Salz in ein hohes Gefäß geben und sämig pürieren.

4 Den Salat auf Tellern verteilen und Dressing, Pomelo und Kokosflocken darübergeben.

Für 2 Personen
Zubereitungszeit: 30 Minuten

Zutaten

Salat
2 Süßkartoffeln
2 Karotten
1 rote Zwiebel
1 gelbe Zucchini
1 rote Paprika
2 TL Kreuzkümmel
5 EL Olivenöl
½ Tasse Quinoa
2 getrocknete Aprikosen
1 Bund frische Petersilie
1 EL Kürbiskerne
1 EL Granatapfelkerne

Dressing
1 TL gemahlener Kurkuma
1 TL frisch geriebener Ingwer
2 EL Zitronensaft
½ TL Salz
EL Olivenöl
1 Prise frisch gemahlener schwarzer Pfeffer
2 EL Wasser
2 TL Dijon-Senf

Außerdem
Backpapier

Gebratener Gemüsesalat

Zubereitung

1 Den Ofen auf 200 °C vorheizen, ein Backblech mit Backpapier auslegen. Süßkartoffeln, Karotten und Zwiebel schälen und mit der Zucchini in Würfel schneiden. Die Paprika so gut wie möglich mit einem Sparschäler schälen (macht sie bekömmlicher), die Kerne entfernen und in Würfel schneiden.

2 Gemüse mit Kreuzkümmel und Olivenöl mischen und alles gleichmäßig verteilen. 20 Minuten backen, dann aus dem Ofen nehmen.

3 Inzwischen Quinoa gut abspülen und mit 1 Tasse Wasser in einen Topf geben. Bei mittlerer Hitze zum Kochen bringen und 15 Minuten bei niedriger Hitze köcheln lassen. Den Herd ausschalten, den Topf abdecken und beiseitestellen (die Quinoa nimmt den Dampf auf und wird fluffig).

4 Die Aprikosen würfeln, die Petersilie fein hacken, die Kürbiskerne leicht in einer Pfanne ohne Fett anrösten. Die Petersilie klein hacken. In einer großen Schüssel Quinoa, geröstetes Gemüse und Petersilie, Aprikosen, Kürbis- und Granatapfelkerne vermischen.

4 Für das Dressing alle Zutaten in ein Glas geben, verschließen und gut schütteln. Das Dressing über den Salat träufeln und alles gut durchschwenken. Auf Servierschalen verteilen und warm servieren.

Dampfgegarter Fenchel mit Orange, Walnüssen und Tahin-Zitronen-Dressing

Für 4 Personen
Zubereitungszeit: 30 Minuten

Zutaten

3 Orangen
4 Fenchel
50 g gehobelte Mandeln
100 ml Olivenöl
1 EL Tahin (Sesampaste)
1 EL Honig
⅓ TL Salz
1–2 Schalen Kresse
Saft von 1 Orange
1 grüne gehackte Chili

Zubereitung

1 Die Orangen mit einem Messer schälen und die Filets auslösen. Den Fenchel halbieren, in Streifen schneiden, in einen Topf mit 300 ml und Siebeinsatz geben und im Wasserdampf ca. 10 Minuten garen. Die Mandeln in einer Pfanne ohne Fett anrösten.

2 Für das Dressing Olivenöl, Chili, Zitronensaft, Tahin, Honig und Salz in ein hohes Gefäß geben und mit dem Pürierstab zu einer sämigen Masse pürieren.

3 Den Fenchel mit den Orangen, Salz und Mandeln mischen, in Schalen verteilen, die Kresse daraufgeben und mit dem Dressing beträufeln.

FLADENBROTE

Wir Deutschen lieben unser Brot – was völlig okay ist, sofern es von guter Qualität ist und genügend Zeit zum Gehen hatte. Im Ayurveda ist Brot weniger eine Hauptmahlzeit, sondern vielmehr ein Gabelersatz, mit dem die anderen Bestandteile eines Gerichts aufgenommen werden. Hier haben wir drei der wichtigsten Ayurveda-Fladenbrotrezepte zusammengestellt, von denen du wahrscheinlich eine Variante so noch nicht gegessen hast!

Chapatis – indisches Pfannenbrot

Für 8 Stück
Zubereitungszeit: 30 Minuten

Zutaten

300 g Weizenmehl, Type 405
140 ml Wasser
1 EL Garam Masala (S. 83)
½ TL Salz
⅓ TL Natron
Öl zum Ausbacken

Zubereitung

Alle Zutaten bis auf das Öl in einer Schüssel zu einem geschmeidigen Teig kneten. In acht Teile teilen, auf Pfannkuchendicke ausrollen und in etwas Öl ausbacken.

Naan – indisches Fladenbrot

Für 8–10 Portionen
Zubereitungszeit: 20 Minuten

Zutaten

300 g Dinkelmehl, Type 630
1 EL Ghee
1 TL Salz
½ TL Natron
1 TL Trockenhefe
1 TL Fenchelsamen
1 TL Kreuzkümmelsamen
40 g Naturjoghurt, 10 % Fett
Ghee zum Ausbacken

Zubereitung

Das Mehl mit Salz, Natron, Hefe, Gewürzen vermischen. Mit Joghurt, Ghee und 130 ml Wasser 3 Minuten zu einem geschmeidigen Teig verkneten. Den Teig mit einer Folie abdecken und eine Stunde ruhen lassen. Aus dem Teig 8–10 Portionen abnehmen und zu Fladen ausrollen. In einer heißen Pfanne in etwas Ghee von jeder Seite ca. 3–4 Minuten goldbraun ausbacken.

Naan mit Kichererbsenmehl und Bananen

Für 8–10 Portionen
Zubereitungszeit: 50 Minuten

Zutaten

250 g Dinkelmehl, Type 630
50 g Kichererbsenmehl
1 TL Natron
½ TL gemahlener Kurkuma
½ TL Zimt
½ TL gemahlener Kardamom
1 TL Anissamen
1 EL Ghee
1 TL Salz
2 reife Bananen
ggf. etwas Pflanzendrink
Ghee zum Ausbacken

Zubereitung

Die beiden Mehle mit Natron, Gewürzen, Ghee und Salz mischen. Die Bananen zu einem weichen Brei zerdrücken, zum Mehl zufügen und kräftig unterkneten. Das Mehl sollte zu einer homogenen Masse werden, ggf. etwas Pflanzendrink zugeben. Den Teig 30 Minuten ruhen lassen. In 8–10 Portionen teilen, ausrollen und in etwas Ghee von jeder Seite ca. 3 Minuten goldbraun ausbacken.

SÜSSSPEISEN

Badam Pak – süße Mandelriegel

Für 4 Personen
Zubereitungszeit: 60 Minuten

Zutaten

1½ Tassen Mandeln
¾ Tasse Ghee (für Kapha-Typ ½ Tasse)
1 Tasse Kichererbsenmehl
¼ Tasse Kokosraspeln oder Kokosmus
¼–½ Tasse Honig
½ TL Zimt
¾ TL Frühstücksgewürz (S. 94)
½ TL gemahlener Safran
Kokosraspeln und Zimt zum Garnieren

Außerdem
Backpapier

Zubereitung

1 Mandeln in einen Mixer geben und pürieren, bis ein grobes Pulver entstanden ist. In einer großen, tiefen Pfanne oder Sauteuse Ghee bei mittlerer Hitze schmelzen. Sobald es vollständig geschmolzen ist, die Hitze auf niedrige bis mittlere Stufe reduzieren. Die gemahlenen Mandeln und das Kichererbsenmehl hinzugeben und mit dem Ghee verrühren, bis ein feuchter Teig entstanden ist.

2 Unter ständigem Rühren 7–10 Minuten kochen, bis der Teig goldbraun ist und stark nach frisch gebackenen Keksen duftet. Die Kokosraspel hinzugeben, 1 bis 2 Minuten ständig weiterrühren. Den Teig in eine große Rührschüssel geben, 10–20 Minuten im Kühlschrank abkühlen lassen.

3 Honig, Zimt, Frühstücksgewürz und Safran hinzugeben. Gut umrühren und gleichmäßig vermengen. Ein Backblech mit Backpapier auslegen. Den Teig hineingeben und gleichmäßig glatt streichen. Kokosraspel darüberstreuen und leicht mit Zimt bestäuben.

4 Die Backform abdecken und 1–2 Stunden in den Kühlschrank oder 30 Minuten in den Gefrierschrank stellen. Die Riegel in Quadrate schneiden und in einen luftdichten Behälter legen.

Die fertigen Riegel sollten nicht klebrig sein oder auseinanderfallen, sondern fest und stabil, mit einer leichten Weichheit. Im Kühlschrank sind sie bis zu drei Wochen haltbar.

Kheer – indischer Milchreis mit Mangocreme

Für 4 Personen
Zubereitungszeit: 45 Minuten

Zutaten

Milchreis
125 g Basmatireis
750 ml Milch (3,5 % Fett)
4 TL Rohrzucker
1 Msp. gemahlener Safran
4 grüne Kardamomkapseln
1 Gewürznelke
1 Zimtstange
2 TL Rosenwasser
50 g gehackte Mandeln
1 EL Pistazienkerne
Salz

Mangocreme
1 reife Mango
10 Minzblätter
1 TL gehackter frischer Ingwer
1 EL Ghee
150 g Naturjoghurt, 10 % Fett
150 g Crème Fraîche
2 EL Honig
1 Prise Pfeffer

Zubereitung

1 Den Reis mit kaltem Wasser waschen und 20 Minuten im Wasser stehen lassen. Milch mit Zucker und Safran in einen Topf geben. Kardamomkapseln andrücken und mit Nelke sowie Zimtstange zur Milch geben. Unter Rühren aufkochen lassen.

2 Sobald die Milch zu kochen beginnt, den Reis einrühren und zugedeckt ca. 20 Minuten bei kleiner Hitze köcheln lassen. Gelegentlich umrühren, damit der Reis nicht festklebt oder anbrennt. Das Rosenwasser unterrühren, Mandeln zugeben und mit Salz abschmecken und auf Schälchen verteilen. Mit den Pistazien bestreuen.

3 Die Mango schälen und das Fruchtfleisch vom Kern schneiden. Die Minze grob hacken. Ingwer in Ghee 2 Minuten glasig anschwitzen, zusammen mit der Mango sämig pürieren und mit den restlichen Zutaten zu einer geschmeidigen Creme mischen.

Honig-Feigen-Paneer

Für 2 Personen
Zubereitungszeit: 20 Minuten

Zutaten

3 getrocknete Feigen
2 l Frischmilch, 3,5 % Fett
Saft von 1 Zitrone
2 EL Honig
2 EL gehackte Mandeln

Zubereitung

Die Feigen in kleine Würfel schneiden. Die Milch zum Kochen bringen, Zitronensaft, Feigen und Mandeln zugeben, gut vermischen und den Topf vom Herd nehmen. Die Milch durch ein feines Tuch abgießen und die Molke auffangen (siehe Tipp auf S. 124). Das Tuch gut auspressen und aufhängen, damit die restliche Flüssigkeit abtropfen kann. Vor dem Servieren mit Honig beträufeln.

Paneer hast du bereits kennengelernt (S. 124 und 126). Hier zur Abwechslung eine süße Variante.

Dattel-Walnuss-Powerkugeln

Für 12 Kugeln
Zubereitungszeit: 20 Minuten

Zutaten

150 g Walnüsse
100 g getrocknete Datteln
½ TL Zimt
½ TL gemahlener Kardamom
abgeriebene Schale und 2 EL Saft von 1 Zitrone
1 Msp. Salz

Zubereitung

Datteln grob hacken, Walnüsse in einer Pfanne ohne Öl anrösten. Alle Zutaten bis auf den Zitronensaft in eine Küchenmaschine geben und zu einer feinen Masse pürieren. In eine Schüssel geben, Zitronensaft untermischen und mit angefeuchteten Händen kleine Kugeln formen.

Unsere kleinen Energiekugeln stecken voll wertvoller Inhaltsstoffe. Sie unterstützen das Gehirn bei der Bildung des Glückshormons Serotonin sowie des Schlafhormons Melatonin und leisten damit einen aktiven Beitrag zur Stressregulation und Entspannung.

Vermicelli-Pudding

Für 2 Personen
Zubereitungszeit: 20 Minuten

Zutaten

3 EL Ghee
2 EL gehackte Mandeln
1 EL gehackter frischer Ingwer
½ TL gemahlener Kardamom
50 g Vermicelli-Fadennudeln
400 ml Milch oder Pflanzendrink
1–2 EL Rohrzucker
1 Msp. frisch geriebene Muskatnuss
1 Prise Salz
Trockenfrüchte, Nüsse, Beeren und Minze zum Dekorieren

Zubereitung

1 Das Ghee in einem Topf erhitzen, Mandeln, Ingwer, Kardamom und Vermicelli 3 Minuten anschwitzen.

2 Die Milch aufgießen und zum Kochen bringen. Die Hitze reduzieren und ca. 15 Minuten zu einer puddingartigen Textur einkochen. Muskat, Zucker und Salz untermischen und nach Belieben mit Trockenfrüchten, Nüssen, Beeren oder Minze dekorieren.

GETRÄNKE

Chai-Tee

Für 4 Tassen
Zubereitungszeit: 35 Minuten

Zutaten

2 Tassen ungesüßte Mandelmilch
2 Tassen Wasser
2 EL frischer Ingwer
8 TL loser schwarzer Tee oder
8 Teebeutel schwarzer Tee
¼ TL Kardamomsamen
¼ TL schwarze Pfefferkörner
10–12 ganze Nelken
2 Zimtstangen
3 Sternanis
Honig nach Belieben

Zubereitung

1 Milch und Wasser in einen mittelgroßen Kochtopf geben, abdecken und auf hohe Hitze stellen. Die Flüssigkeit bis knapp unter den Siedepunkt bringen.

2 Den Ingwer fein hacken oder reiben. Je feiner der Ingwer gerieben wird, desto stärker ist der Geschmack. Ingwer und Tee in den Topf geben. Kardamom, Pfefferkörner und Nelken mörsern.

3 Die gemahlenen Gewürze zusammen mit den Zimtstangen und Sternanis in den Topf geben, die Flüssigkeit darf nicht kochen. 15 Minuten mit Deckel auf kleiner Flamme ziehen lassen und einen Spalt offen lassen, um ein Überlaufen zu vermeiden. Alle 5 Minuten umrühren.

4 Abseihen und in Tassen servieren. Sobald der Tee auf eine trinkbare Temperatur abgekühlt ist, nach Belieben 1–2 TL Honig hinzufügen.

Je feiner der Ingwer gerieben wird, desto stärker ist der Geschmack. Für mehr Schärfe fügst du mehr Ingwer hinzu; wenn du mehr Würze möchtest, nimm mehr Pfefferkörner.

Goldene Safranmilch mit Mandeln und Honig

Für 2 Portionen
Zubereitungszeit: 15 Minuten

Zutaten

1 daumenlanges Stück frischer Kurkuma
500 ml Milch oder Pflanzendrink
2 Zimtstangen
2 Msp. gemahlener Safran
2 TL Dattelsirup
20 g gemahlene Mandeln

Zubereitung

Kurkuma reiben oder in dünne Scheiben schneiden. Milch, Kurkuma und Zimtstangen in einen Topf geben und unter Rühren aufkochen lassen. Die Hitze reduzieren, Safran zugeben und 10 Minuten ziehen lassen. Zum Schluss Dattelsirup und Mandeln unterrühren. Etwas abkühlen lassen, dann den Honig dazugeben.

Die goldene Safranmilch, ein Klassiker der ayurvedischen Ernährung, hilft gut beim Einschlafen, besonders dem Vata-Typ oder zur Vata-Zeit.

Rosenwasser-Limonade mit Zitrone

Für 1 Liter
Zubereitungszeit: 20 Minuten

Zutaten

1 l weißer Traubensaft
2 EL Ahornsirup
1 EL Rosenwasser
4 angestoßene Kardamomkapseln
1 EL gehackter frischer Ingwer
2 Zitronen in Scheiben

Zubereitung

Alles in einen Topf geben, aufkochen lassen, die Hitze reduzieren und mindestens 10 Minuten ziehen lassen, abseihen.

Kräuterlimonade

Für 2 Liter
Zubereitungszeit: 20 Minuten

Zutaten
Saft von 1 Bio-Zitrone
1 Liter Wasser
6 EL Ahornsirup
je 1 Bund Basilikum und Minze
5 Zweige Rosmarin
3 Zimtstangen
4 Sternanis
6 angestoßene Kardamomkapseln
2 EL Ingwer in Scheiben
2 EL Kurkuma in Scheiben

Zubereitung
Alles in einen Topf geben, aufkochen lassen, Hitze reduzieren und noch mindestens 10 Minuten ziehen lassen, abseihen. Die Limonade mit Sprudelwasser auffüllen.

Tamarinden-Orangen-Limo

Für 2 Liter
Zubereitungszeit: 20 Minuten

Zutaten
2 Stangen Zitronengras
2 Liter Wasser
1 EL Tamarindenpaste
3 EL Ahornsirup
2 EL Ingwer in Scheiben
3 Orangen in Scheiben

Zubereitung
Das Zitronengras leicht anklopfen. Alle Zutaten in einen Topf geben, aufkochen lassen, die Hitze reduzieren und mindestens 10 Minuten ziehen lassen, abseihen.

Basilikum-Lassi

Für 2 Portionen
Zubereitungszeit: 5 Minuten

Zutaten
20 Basilikumblätter
500 g Naturjoghurt, 10 % Fett
250 ml stilles Wasser
3 EL Waldhonig
½ TL gemahlener Kreuzkümmel
½ TL Zimt, 1 Prise Salz

Zubereitung
Basilikum klein zupfen. Alle Zutaten in ein hohes Gefäß geben und mit einem Stabmixer ca. 20 Sekunden pürieren.

Die Heilkraft der ayurvedischen Gewürze

Ajowan

Die Samen des Doldengewächses Ajowan werden auch Königskümmel genannt und sind besonders im arabischen Raum und in Indien sehr beliebt. Das Gewürz hat einen scharfen und gleichzeitig bitteren Geschmack, ist aber gleichzeitig mild und aromatisch. Das Aroma von Ajowan ist mit dem von Thymian vergleichbar. Aus diesem Grund passt das Gewürz zu Schmorgurken, grünen Bohnen und Paprika.

Im Ayurveda gilt es als blähungsmindernd. Weil es das Verdauungsfeuer Agni anregt, macht es selbst schwer verdauliche Nahrungsmittel aus z. B. Kichererbsen- und Weizenmehl leichter bekömmlich.

Amchur

Amchur sind zu Pulver zermahlene sonnengetrocknete Mangos. Es kommt häufig in der asiatischen Küche vor und verleiht Currys, Chutneys und Pickles eine fruchtig-herbe, säuerliche Note. Es harmoniert aber auch mit Süßspeisen und Eis. Bei der Verwendung von Amchur ist es wichtig, dass es erst zum Ende der Garzeit zugegeben wird, denn es bremst den Garvorgang.

Im Ayurveda gilt Amchur als schleimlösend. Außerdem reduziert es Pitta und Kapha und ist gut für Blase und Nieren.

Anis

Das Gewürz Anis sind die Samen eines Doldengewächses, das im Mittelmeerraum und in Westasien zu finden ist. Für Spirituosen, Süßspeisen, Reisgerichte, Brot und Backwaren ist es eine beliebte Zutat. Man kennt es auch als klassisches Weihnachtsgewürz. Anis schmeckt süßlich, stark aromatisch und nach Lakritz. Außerdem neutralisiert es den Geruch von Knoblauch, Zwiebeln und den meisten Gewürzen.

Im Ayurveda gilt Anis als wärmend für den ganzen Körper. Es stärkt das Verdauungsfeuer Agni und wirkt blähungsmindernd, entwässernd, schleimlösend und fiebersenkend.

Asafoetida

Asafoetida (auch Asant oder Teufelsdreck) ist ein pulverisiertes Wurzelharz aus Pakistan und schmeckt ähnlich wie Knoblauch oder Zwiebeln.
Im Ayurveda wird Asafoetida für die Förderung der Verdauung und die Beseitigung von Ama eingesetzt. Es wirkt blähungswidrig, reinigt die Darmflora und stärkt das Verdauungsfeuer.

Bockshornklee

Die Samen des Bockshornklees sind leicht bitter, aber aromatisch. In Asien werden sie viel benutzt, z. B. an indischen Pickles, Dal- und Kohlgerichten. Sie enthalten reichlich Vitamin B1 und Folsäure, sollten von Schwangeren aber sparsam benutzt werden.
Im Ayurveda gilt Bockshornklee als verdauungsfördernd und den Stoffwechsel und die Funktionen der Bauchspeicheldrüse unterstützend. Er stärkt die Nerven und fördert das Haarwachstum.

Chili

Der südamerikanische Chili wird seit dem 16. Jahrhundert weltweit wegen seiner feinen Schärfe geschätzt und weil er die Verdaulichkeit von Speisen verbessert.
Im Ayurveda gilt er als stark erhitzend. Seine Pflanzenwirkstoffe regen die Verdauung und den Kreislauf an und wirken antibakteriell. Wenn man es übertreibt, können Entzündungen aber auch verstärkt werden.

Curryblätter

Curryblätter, die in der Küche wie Lorbeerblätter eingesetzt werden, bringen Würze in indische Currys und Soßen. Sie schmecken angenehm frisch und süßlich, ein wenig wie Mandarinen.
Im Ayurveda gelten Curryblätter als adstringierend, blutreinigend und appetitanregend. Außerdem beruhigen sie den Magen und unterstützen die Verdauung.

Fenchelsamen

Fenchelsamen sind die getrockneten Samen eines Doldengewächses, das im Mittelmeerraum vorkommt. Er ist eine geschmacksgebende Zutat in vielen Currymischungen und wird auch zum Würzen von Pickles eingesetzt. Fenchel schmeckt süßlich und sein Aroma erinnert an Anis oder Lakritz.
Im Ayurveda gilt Fenchel als appetitfördernd, ohne dabei Pitta aus der Balance zu bringen, als krampflösend und blähungsmindernd. Er sorgt für frischen Atem und fördert auch die Milchbildung und die Menstruation stillender Mütter.

Galgant

Das ostasiatische Gewürz Galgant wird besonders gern für Currys, Suppen, Brühen und Gerichte mit Kokosnuss verwendet. Galgant, von dem ebenfalls die Wurzel benutzt wird, schmeckt milder als Ingwer, aber aromatischer.
Im Ayurveda gilt er als magen- und herzstärkend, nervenstimulierend, blutdrucksenkend und antiseptisch. Galgant erhitzt den Körper innerlich und äußerlich und entkrampft die Bronchien. Als Paste aufgetragen lindert er Schmerzen in den Gelenken.

Gelber Senf

Gelber Senf stammt aus dem Mittelmeerraum und zählt zu den ältesten bekannten Gewürzen. Er ist geruchlos und entwickelt erst beim Zerkauen seinen würzig-scharfen, leicht nussigen Ge-

schmack. Körner des gelben Senfs verfeinern Pickles und eingelegtes Gemüse. Im Gegensatz zum schwarzen Senf behält gelber bei Hitze länger seinen scharfen Geschmack. Aufgrund seiner emulgierenden Eigenschaft verleiht er Soßen Stabilität und wird auch gern in herzhaften Eintöpfen verwendet. Zusammen mit anderen Gewürzen wird gelber Senf zum bekannten Speisesenf verarbeitet.
Im Ayurveda kennt man für gelben Senf ähnliche Wirkungen wie für schwarzen, allerdings entfacht die gelbe Variante zudem das Verdauungsfeuer Agni und wirkt natürlich abführend.

Ingwer

Die Ingwerwurzel schmeckt scharf, aber auch leicht süßlich. Als Pulver findet Ingwer daher auch Verwendung als klassisches Weihnachtsgewürz.
Im Ayurveda gilt Ingwer als etwas Besonderes, weil er wärmt und die Verdauung anregt, Pitta aber nicht wie alle anderen Lebensmittel mit diesen Eigenschaften erhöht. Er wirkt zudem entgiftend, appetitanregend, keimtötend und entschleimend, was ihn bei Übelkeit und Erkältungen zu einem hervorragenden Hausmittel macht.

Kardamom

Die Samen der südindischen Kardamomkapseln schmecken süßaromatisch und werden als Gewürz in Tees, Süßspeisen und herzhaften Reis- und Linsengerichten verwendet. Sie zählen neben Safran und Vanille zu den wertvollsten Gewürzen der Welt. Schon in der Antike wurden sie geschätzt.
Im Ayurveda gilt Kardamom als kühlend, kann also scharfe und erhitzende Speisen ausgleichen. Zudem erfrischt er den Atem. Er hilft gegen Krämpfe und Sodbrennen, löst Schleim in Bronchien und Nasennebenhöhlen und steigert die Konzentration und geistige Klarheit.

Knoblauch

Die asiatische Küche verwendet gern reichlich Knoblauch. Seine scharfe, durchdringende und leicht schweflige Würze passt zu fast allen Fleisch- und Fischgerichten, Suppen, Gemüsen und Aufläufen. Das Garen reduziert die Schärfe.

Im Ayurveda gilt Knoblauch als anregend, er senkt Cholesterin und Blutdruck, reinigt Blut und Lymphe und reduziert Schlacken (Ama). Bei Rheuma wird er empfohlen.

Koriander

Mit ihrem mild-würzigen, frischen und leicht süßlichen Geschmack sind Koriandersamen charakteristisch für die indische Küche. Auch in Currypulver sind sie enthalten. Koriander macht Kohlenhydrate und Kohlgerichte leichter verdaulich und mindert Blähungen.

Im Ayurveda gilt er als kühlend bei Pitta-Typen, entzündungshemmend besonders im Magen-Darm-Trakt und in den Harnwegen, und er stärkt Herz, Nerven und Gehirn. Gegen Rheuma wird Koriander als Paste aufgetragen.

Kreuzkümmel

Kreuzkümmel (oder Cumin) hat einen bitter-scharfen Geschmack, der sich durch das Anrösten in Ghee besonders gut entfaltet. Vor allem Kohl- und Kartoffelgerichten sowie Joghurtdips gibt er eine feine Note. Die getrockneten Samen machen zusammen mit Kurkuma, Koriander und Chili den typischen Geschmack indischer Gerichte aus. Kreuzkümmel gleicht stark erhitzende Lebensmittel aus und dämpft zusammen mit Koriander und Fenchel ein erhöhtes Agni. Um die Verdauung anzuregen, stellt man einen Sud aus Kreuzkümmel, Salz, Zucker und Ingwer her.

Im Ayurveda gilt Kreuzkümmel als entgiftend und blähungsmindernd, er reinigt das Blut, stärkt die Leber und reguliert die Darmflora.

Kümmel

Kümmel passt mit seinem starken süßlich-scharfen, warmen Aroma gut an Kohl- und Kartoffelgerichte, Brot, Suppen, Soßen und Käse. Allerdings lässt sich der oftmals als aufdringlich empfundene Geschmack schlecht mit anderen Gewürzen kombinieren. Er wird milder, wenn der Kümmel gemahlen oder in einem Kräutersäckchen mitgekocht wird.

Im Ayurveda gilt Kümmel als Mittel gegen Blähungen, Magen-Darm-Krämpfe und Völlegefühl. Er wirkt antibakteriell und unterstützt die Leber-Galle-Funktion.

Kurkuma

Für das Gewürz Kurkuma (oder Gelbwurz) wird ähnlich wie beim Ingwer die Wurzel der aus Asien stammenden Pflanze verwendet. Kurkuma wird in der ayurvedischen Küche sehr häufig eingesetzt, außerdem ist sie auch die färbende Komponente in vielen Currymischungen. Ihr Geschmack ist pikant, herb und leicht scharf.

Im Ayurveda gilt Kurkuma als entzündungshemmend, adstringierend, appetitanregend und verdauungsfördernd. Als Paste aufgetragen verbessert sie die Wundheilung.

Muskat

Als Muskatnuss bezeichnet man den harten Kern einer indonesischen Frucht. Die Muskatblüte, deren Aroma etwas feiner ist, ist eigentlich ein Gewebe, das den Kern umgibt. Der kräftig-würzige, warme Geschmack passt gut zu Suppen, Gemüsen, Kartoffelgerichten und auch Süßspeisen. Muskat sollte immer frisch gerieben werden.

Im Ayurveda gilt er als stark erhitzend, weshalb man ihn vorsichtig verwenden sollte. Er beruhigt Nerven und Geist. Kombiniert mit Ingwer und Kardamom vermindert er Bauchkrämpfe und Inkontinenz und verbessert die Absorption im Dünndarm.

Nelken

Die süßlich duftenden Knospen des Gewürznelkenbaums geben, vor allem angeröstet, Reis und Suppen ein angenehmes, würzig-scharfes Aroma. Schon seit der Antike sind Nelken in der europäischen, nordafrikanischen und asiatischen Küche beliebt.

Im Ayurveda gelten Nelken als erhitzend und schmerzlindernd. Auch bei angegriffenen Atemwegen werden sie empfohlen.

Paprika

Paprikagewürz besteht aus getrockneten und gemahlenen Paprikaschoten. Die milden Sorten wurden erst gezüchtet, nachdem die spanischen Eroberer sie aus Südamerika nach Europa gebracht hatten. Der intensive, süß-aromatische Geschmack mit milder Schärfe von Paprika ist universell einsetzbar. Besonders an Eintöpfe und Gegrilltes, Soßen, Dips und Dressings passt er gut.

Im Ayurveda gilt Paprika als reinigend, erdend und kräftigend.

Piment

Geschmacklich liegt der ursprünglich jamaikanische Piment zwischen Pfeffer, Nelken, Muskat und Zimt und wird gern mit diesen Gewürzen kombiniert. Besonders gut passt er in Suppen, Eintöpfe, Soßen und Weihnachtsgebäck.

Im Ayurveda gilt Piment als antiseptisch und appetitanregend, er lindert Schmerz, steigert den Blutdruck und den Stoffwechsel und stärkt den Magen. Deswegen ist er ein gutes Ausgleichsmittel für Kaffee.

Pippali

Pippali (oder Langer Pfeffer) war noch vor dem heute üblichen schwarzen Pfeffer aus Südasien nach Europa gelangt. Sein süßlich-scharfer, leicht erdiger Geschmack verleiht Eintöpfen, Soßen und Fleisch ein interessantes Aroma.

Im Ayurveda gilt Pippali als anregend, schleimlösend und verdauungsfördernd. Bei arthritischen Gelenkschmerzen wird er empfohlen. Aufgrund seiner vielfach stärkeren Wirkung als der von schwarzem Pfeffer sollte Pippali bei akuten entzündlichen Prozessen nicht angewendet werden.

Safran

Bei Safran handelt es sich um die Blütennarben einer Krokusart. Um ein Kilo Safranfäden zu erhalten, müssen 150.000 Blüten geerntet werden. Entsprechend kostbar ist das herbe, zartbittre Gewürz. Seine Wirkung auf Körper und Geist und sein intensives Gelb machen es sowohl in Süßspeisen als auch in Currys, Soßen und Reisgerichten interessant.
Im Ayurveda gilt Safran als aphrodisierend und beruhigend, er stärkt Herz, Leber und Milz.

Schwarzer Pfeffer

Schwarzer Pfeffer sind die getrockneten Früchte einer Kletterpflanze, die aus Indien stammt. Er schmeckt scharf und warm und wird in allerlei Gerichten verwendet.
Im Ayurveda gilt er als das Verdauungsfeuer Agni und die Fettverdauung anregend. Er unterstützt dabei, die Nahrung besser zu verdauen. Schwarzer Pfeffer wirkt entzündungshemmend und leicht fiebersenkend.

Schwarzer Senf

Schwarzer Senf sind die Samen des im Mittelmeerraum beheimateten Kreuzblütengewächses. Viele Gerichte, vor allem indische Currys, erhalten durch diese Zutat eine pikante Würze und gleichzeitig eine angenehme Schärfe. Die Samen sollten am besten erst zum Ende des Kochens dazugegeben werden, damit die Körner ihre Schärfe entfalten. Werden sie geröstet, verströmen sie einen angenehm nussigen Duft.

Im Ayurveda gilt Senf als den Appetit und den Stoffwechsel anregend. Außerdem erhitzt er innerlich und äußerlich stark, wirkt antibakteriell und krampflösend und neutralisiert Toxine in der Nahrung. Als Paste aufgetragen, entfaltet schwarzer Senf seine wärmende und wohltuende Wirkung bei Rheuma und Hexenschuss.

Schwarzkümmelsamen

Schwarzkümmel sind die getrockneten Samen des Hahnenfußgewächses, das im Orient beheimatet ist. Sein Geschmack ist würzig-scharf und erinnert an Pfeffer, obwohl er etwas bitterer ist. Schwarzkümmel wird oft als Gewürz für Currys, Chutneys, Dals, Brote, Süßspeisen und Früchte verwendet und auch zum Einlegen von Gemüse.

Im Ayurveda gilt er als immunstimulierend, entzündungshemmend und krampflösend. Außerdem steigert er die Bekömmlichkeit von Speisen, senkt den Histaminspiegel und lindert Asthma.

Sternanis

Die achtzackigen Kapseln des Sternanis sind ein beliebtes Gewürz in Asien, vor allem in China. Dort werden sie zum Würzen von Süßspeisen, Suppen, Gemüsegerichten und Currys verwendet. Das ätherische Öl befindet sich in der Fruchtwand, nicht im Samen. Sternanis schmeckt süßlich-scharf und aromatisch – ähnlich wie Anis, nur stärker.

Im Ayurveda gilt er als krampflösend und verdauungsfördernd. Außerdem hilft er gegen Mundgeruch und auch bei Husten und Bronchitis.

Tamarinde

Tamarinde ist das Fruchtfleisch reifer Früchte des gleichnamigen Baums, der in Ostafrika beheimatet ist. Indische Gerichte verdanken ihren charakteristischen scharf-sauren, aber fruchtig-herben

Geschmack und ihre dunkle Farbe dieser Zutat, die auch für Marinaden und Suppen verwendet wird. Tamarinde passt gut zu Hülsenfrüchten und zur Schärfe von Chilischoten.
Im Ayurveda gilt Tamarinde als die Verdauung verbessernd. Sie wirkt leicht abführend und lindert Halsschmerzen.

Vanille

Vanille ist das Mark der Vanilleschoten, der getrockneten Fruchtkapseln einer tropischen Kletterorchidee. Vanille riecht intensiv blumig und schmeckt süßlich und angenehm weich. Sie verfeinert süße Speisen wie Puddings, Cremes, Obst- oder Quarkdesserts, Joghurt, Eis, süße Aufläufe, aber auch Punsch, Kaffee und heiße Schokolade.
Im Ayurveda gilt sie als leistungssteigernd für Körper und Geist, aphrodisierend und stimmungsaufhellend. Aus diesem Grund wird sie in der Aromatherapie zur Linderung von Ängsten, Müdigkeit und depressiven Verstimmungen eingesetzt.

Zimt

Ceylon-Zimt gehört zu den Lorbeergewächsen und stammt, wie der Name schon sagt, aus Sri Lanka. Als Gewürz wird die in mehreren Lagen ineinander gerollte Rinde junger Zweige verwendet. Zimt ist sehr aromatisch und wärmend und schmeckt fein, süßlich und kaum bitter. Er ist ein klassisches Gewürz für die Weihnachtsbäckerei und passt hervorragend zu Fruchtspeisen, Milchreis und Bratapfel. Außerdem ist er ein Hauptbestandteil der beliebten Currymischung Garam Masala.
Im Ayurveda gilt Zimt als blutreinigend, die Darmtätigkeit und den Kreislauf anregend und die Gedächtniskraft fördernd. Er unterstützt auch die Bildung weißer Blutkörperchen. Als Tee genossen lindert er Müdigkeit, Fieber und Erkältung und kann gut bei Durchfall, Herzkrankheiten und juckender Haut getrunken werden.

Rezeptregister

TYPGERECHT KOCHEN

GEWÜRZMISCHUNGEN ZUM AUSGLEICH

DIPS ZUM AUSGLEICH

KRÄUTERGETRÄNKE ZUM AUSGLEICH

UNSERE BASIC-REZEPTE

FRÜHSTÜCK

GERICHTE FÜR MITTAG UND ABEND

MEHR HIGHLIGHTS AUS UNSERER AYURVEDA-KÜCHE

BEILAGEN UND CHUTNEYS

SALATE

FLADENBROTE

SÜSSSPEISEN

GETRÄNKE

Leicht, fit und vital durch Ballaststoffe!

- Jeder Fünfte leidet unter Verdauungsproblemen, jeder zweite an Übergewicht – nicht nur hier hilft eine ballaststoffreiche Ernährung nachweislich, sondern auch bei Herz-Kreislauf-Problemen, Immunschwäche oder Diabetes
- Der Ratgeber zeigt, wie man mit der Ernährung und 111 ballaststoffreichen Rezepten Krankheiten vorbeugen und Krankheitsverläufe bessern kann

Stand 2024. Änderungen vorbehalten.

Sarina Hunkel

111 High-Fiber-Rezepte

184 Seiten
15,5 x 21,0 cm, Softcover
ISBN 978-3-8426-3136-6
€ 22,00 [D] · € 22,70 [A]

Der Ratgeber ist auch als eBook erhältlich.

humboldt
...bringt es auf den Punkt.

Pflanzliche Kraftpakete für die Gesundheit

Stand 2024. Änderungen vorbehalten.

- Microgreens besitzen bis zu 40 Mal mehr Vitalstoffe als die ausgewachsene Pflanze
- 29 Microgreens im Porträt: ganz einfach zu Hause anbauen, zur Stärkung und bei Krankheiten und Beschwerden einsetzen
- Die Autor*innen haben alle relevanten wissenschaftlichen Studien über Microgreens ausgewertet

Anne Wanitschek · Sebastian Vigl

Gesund mit Microgreens

160 Seiten, Softcover
15,5 x 21,0 cm
ISBN 978-3-8426-2974-5
€ 19,99 (D) / € 20,60 (A)

Der Ratgeber ist auch als eBook erhältlich.

humboldt
...bringt es auf den Punkt.

Bibliografische Information der Deutschen Nationalbibliothek
Die Deutsche Nationalbibliothek verzeichnet diese Publikation in der deutschen Nationalbibliografie; detaillierte bibliografische Daten sind im Internet über http://dnb.ddb.de/ abrufbar.

ISBN 978-3-8426-3181-6 (Print)
ISBN 978-3-8426-3182-3 (PDF)
ISBN 978-3-8426-3183-0 (EPUB)

Abbildungen:
Titelmotiv: shutterstock/Annartlab
Anke Pachauer: 2/3, 4, 79, 81, 85, 87, 91, 93, 95, 97, 99, 101, 103, 105, 107, 115, 117, 123, 125, 127, 129, 133, 135, 137, 141, 143, 145, 147, 149, 151, 153, 155, 157, 176
Stock.adobe.com: Greenflashgraph: 8, 76; Voinsveta: 17, 51, 55, 59; Günter Menzl: 80; gitusik: 84; baibaz: 86; Vasylyna Maksymovych: 92; baibaz: 100; A_Bruno: 102; Natallia: 104; todja: 108; виктория статных: 109; Birgit Brandlhuber: 112; nata777_7: 113 links; supamas: 113 rechts; oxie99: 116; VRD: 118 links; Eva Gruendemann: 118 rechts; Nik_Merkulov: 120; marysckin: 131; Anatoly Repin: 132; domnitsky: 140; Jiri Hera: 142; Mara Zemgaliete: 150

Originalausgabe

Die Ratgebermarke der Schlütersche Fachmedien GmbH
Hans-Böckler-Allee 7, 30173 Hannover
www.humboldt.de
www.schluetersche.de

Lektorat: Linda Strehl, München
Covergestaltung: ZERO Werbeagentur, München
Layout & Satz: Die Feder · Werbeagentur GmbH, Wetzlar
Druck und Bindung: Gutenberg Beuys Feindruckerei GmbH, Langenhagen

Gedruckt mit mineralölfrei hergestellten Druckfarben und Strom aus erneuerbaren Energien. Die eingesetzten Klebe- und Bindestoffe entsprechen den derzeitigen Umweltstandards, die vom RAL Institut für Gütesicherung und Kennzeichnung geprüft wurden. Die Druckplattenentwicklung erfolgte mit reduziertem Einsatz von Chemikalien.